口才三绝
会赞美　会幽默　会拒绝

陈　瑶　编著

中国出版集团

中译出版社

图书在版编目（CIP）数据

口才三绝：会赞美　会幽默　会拒绝 / 陈瑶编著
. -- 北京：中译出版社，2019.5（2021.8 重印）
ISBN 978-7-5001-5976-6

Ⅰ. ①口… Ⅱ. ①陈… Ⅲ. ①心理交往—口才学—通
俗读物 Ⅳ. ① C912.13-49

中国版本图书馆 CIP 数据核字 (2019) 第 090984 号

口才三绝：会赞美　会幽默　会拒绝

出版发行：中译出版社
地　　址：北京市西城区车公庄大街甲 4 号物华大厦 6 层
电　　话：（010）68359376　68359303　68359101
邮　　编：100044
传　　真：（010）68357870
电子邮箱：book@ctph.com.cn
总 策 划：张高里
责任编辑：顾客强
封面设计：青蓝工作室
印　　刷：北京一鑫印务有限责任公司
经　　销：新华书店
规　　格：880 毫米 × 1230 毫米　1/32
印　　张：6
字　　数：175 千字
版　　次：2019 年 5 月第 1 版
印　　次：2021 年 8 月第 5 次

ISBN 978-7-5001-5976-6　　　　定价：29.80 元

前　言

　　人有很多种，但归根结底只有两种：会说话的人和不会说话的人。如果你在社会上工作久了，或者你社交得多了，就会发现这个社会可以把人按是否会说话分成两种：一种是不善言谈的人，也就是不会说话的人，这种人通常也不善于社交，至多就会死干活，而且有时候甚至连干活都干不好；另外一种人是能言善辩之人，也就是所谓的会说话的人。

　　你总会发现，那些会说话善于社交的人，通常在工作中都能够活得比较轻松，而且比较自在，也容易获得领导的喜欢和提拔。相反，不会说话的人，总是活得闷闷不乐的，工作经常都做不好，也不懂得社交，害怕与人接触。最终，工作也许勉强能够完成，但完成得不是很好。得不到领导的喜欢，也不容易升职加薪。所以不会说话是很吃亏的。

　　当然，会说话的人也有很多种，但归纳起来不外乎三种：会赞美，会幽默，会拒绝。

　　可以说，不管做什么事，与什么人交往，只要掌握了这三种说话技巧，都能体现出自己的高情商。这样的人，不论在人脉，还是事业方面，永远都比那些自闭、寡言的人收获更多。许多时候，他们不需要和别人比拼技能、资历、学识，只要他们一开口，就占了先机，就赢了。

　　会赞美，会幽默，会拒绝，是说话的精髓，它可以让你在第一

1

时间就说对话，说好话，在最短的时间内引起对方的兴趣，并打动对方，使你在面对各种各样的人时，都能应对自如。

所以，从现在起，请张开你的嘴巴，练习好好说话吧。掌握了这三门说话本领，你就是赢家！

目　　录

1

第一章
赞美有度："好话"不能张口就来

一个气球再漂亮、再鲜艳，吹得太小，不会好看；吹得太大，很容易爆炸。赞美就如吹气球，应点到为止，适度为佳。夸奖或赞美一个人时，有时候稍微夸张一点更能充分地表达自己的赞美之情，别人也会乐意接受。但如果过分夸张，赞美就脱离了实际情况，让人感觉到缺乏真诚。

高尔基曾经说过："过分地夸奖一个人，结果就会把人给毁了。"因为过分的夸奖，往往会使被赞美者不思进取，误以为自己已经是完美无缺了，从而停止前进的脚步。

赞美是好事，但非易事

美国钢铁大王卡内基，在 1921 年以一百万美元的超高年薪聘请夏布出任 CEO。许多记者问卡内基为什么是他。卡内基说："他最会赞美别人，这是他最值钱的本事。"卡内基为自己写的墓志铭是这样的："这里躺着一个人，他懂得如何让比他聪明的人更开心。"可见，赞美在社会交际中是多么重要，它是你混社会的金钥匙。

人都有获得尊重的需要，而赞美则会使人的这一需要得到极大的满足。正如心理学家所指出的：每个人都有渴求别人赞扬的心理期望，人被认定其价值时，总是喜不自胜。由此可知，你要想取悦客户，最有效的方法就是热情地赞扬他。

是的，每一个人都渴望得到别人的赞美，你如果能在工作中和生活中适时地运用赞美，学会欣赏，你的工作便会更加顺利，你的生活便会更加美好。无论在哪个领域，懂得赞美的人，肯定是优秀的人。

某公司销售员周强有一次去拜访一家商店的老板："先生，你好！""你是谁呀？""我是某某公司的周强。"老板一听说是某公司的，马上说："我不买产品，请你去别的地方推销吧。"周强说："今天我刚到贵地，有几件事想请教你这位远近出名的老板。""什么？远近出名的老板？""是啊，根据我调查的结果，大家都说这个问题最好请教你。""哦！大家都在说我啊！真不敢当，到底是什么问题呢？""实不相瞒，是……""站着谈不方便，请进来吧！"

就这样，周强轻而易举地取得了客户的信任和好感。有人不解，因为这商店的老板是没有任何人能说动的，就向周强请教秘籍。周强说："我没有任何秘籍，除了赞美。"

　　的确，赞美是混社会的一种必需的技能。要在最短的时间里找到对方可以被赞美的地方，这才是你混社会的本领。赞美的内容很多，只要你的赞美出自真诚，就能起到神奇的作用。

　　西汉时，渤海太守龚遂在任上的政绩非常突出，深受当地百姓爱戴，这件事不知不觉就传到了汉宣帝的耳中，这一天汉宣帝心血来潮，下了一道圣旨召龚遂进京面圣。

　　叩拜皇帝之后，宣帝当着满朝文武大臣的面问龚遂渤海郡是如何治理的（在这种情况下，很多人也许都会认为机会来了，忙不迭地大肆渲染自己的手段）。龚遂从容答道："启禀皇上，微臣才疏学浅，没有什么特别的才能，渤海郡之所以能治理得好，全都是因为皇恩浩荡，都是托陛下您的洪福啊！"

　　宣帝听了龚遂的赞颂，颇为受用，觉得他不居功自傲，是可塑之材，于是，当下给龚遂加官晋爵。

　　龚遂官场的成功，在于他运用了人际关系中"要懂得赞美别人"的技巧，没有把取得的成绩说成是自己的功劳，而归功于"皇恩浩荡"，皇帝在得到赞美的同时，必然会尽可能地去发现去挖掘龚遂的诸般好处，因为人与人之间的作用力是相互的。

　　赞美别人，仿佛用　支火把照亮别人的生活，也照亮自己的心田，有助于发扬被赞美者的美德和推动彼此友谊健康地发展，还可以消除人际间的龃龉和怨恨。赞美是一件好事，但绝不是一件易事。赞美别人时如不审时度势，不掌握一定的赞美技巧，即使你是真诚的，也会变好事为坏事。所以，开口前我们一定要掌握以下技巧。

赞美的话要适可而止

几乎每个人都喜欢美食，但即使是自己最爱吃的东西，吃得太多也会觉得腻。赞美也是如此。虽然人人都爱听好话，但是对他人赞美的话语并非就是多多益善。有时候，赞美的话说得过了头，反倒会弄巧成拙。

下面给大家讲一个日本超级保险推销员原一平刚开始运用赞美时，赞美过分的故事。

原一平到一位年轻的小公司老板那里去推销保险。进了办公室后，他便赞美年轻老板："您如此年轻，就做上了老板，真了不起呀，在我们日本是不太多见的。能请教一下，您是多少岁开始工作吗？"

"十七岁。"

"十七岁！天哪，太了不起了，这个年龄时，很多人还在父母面前撒娇呢。那您什么时候开始当老板呢？"

"两年前。"

"哇，才做了两年的老板就已经有如此气度，一般人还真培养不出来。对了，你怎么这么早就出来工作了呢？"

"因为家里只有我和妹妹，家里穷，为了能让妹妹上学，我就出来干活了。"

"你妹妹也很了不起呀，你们都很了不起呀。"

就这样一问一赞，最后赞到了那位年轻老板的七大姑八大姨，越赞越远了。最后，这位老板本来已经打算上原一平的保险的，结果也不买了。

后来，原一平才知道，原来那天自己的赞美没完没了，本来刚开始时，他听到几句赞美后，心里很舒服，可是原一平说得太多了，搞得他由原来的高兴变得不胜其烦了。

恰到好处、恰如其分的赞美，才是达到事半功倍的效果的关键，所以过多的赞美就适得其反了。在办公室里，常常有这样一群人，他们总是喜欢对着谁都是一阵吹捧，尤其喜欢向上司大献殷勤，以为这样就能够博得上司的好感，从而获得升迁。事实上，这可能一点作用也没有起到，说不定还起了反作用。

某公司有一个特别爱拍马屁的人，只要一看到他们部门经理就马上赞美一番。无论是经理的发型、领带、衣服、裤子、鞋子等等，从头到脚都被他夸奖了一番。他自以为这样就能给经理留下好印象，殊不知，经理每次都被他夸张的赞美弄得很烦，但有碍于其他同事在场不好发作。

有一次，公司的一个重要的方案交给这个人做，做完后他自我感觉良好。交上去就一直等待着被经理表扬。经理果然喊他到办公室一趟，他以为他终于要被表扬了，说不定还要被提拔，心情很放松。进入办公室，他还没等经理开口，又开始夸赞经理的办公室布置得如何好，经理这时脸色冷清地说："你嘴皮子的功夫倒是比你做方案的功夫好多了，看看你做的方案，出了这么多错!"

说赞美的话也有学问，并非是人人都能把赞美的话说到恰如其分。赞美也要适可而止，注意技巧，既能使对方欣然接受，不觉得赞美之言过火而心生烦躁，而且还要赢得对方对自己的好感，以达到其真正的赞美效果。赞美的语言是对别人言行举止或者身上的某个细节或者做事成效的一种表扬，要使用得当，恰到好处，也并非是越多越好，过分的语言，不切合实际的赞美，那就过犹不及了。

赞美其实是充满了无穷奥妙的一门学问，"赞美"的实质是能够抓住所赞美事物的实质。生活中的有些人经常会犯一些错误，就是见了什么都说好，信马由缰，天花乱坠，不懂装懂，本来的赞美之言，听起来倒像讽刺。作为一个赞美者，赞美不适度，反而会适得其反。因此，赞美别人一定要适可而止。赞美的尺度掌握得如何，往往直接影响赞美的效果。记住，恰如其分、点到为止的赞美才是真正的赞美。使用过多的华丽辞藻，过度的恭维，空洞的吹捧，只会使对方感到不舒服、不自在，甚至难受、肉麻、厌恶，其结果肯定是适得其及。

赞美用词要优雅得体

抓住一个人的独特之处进行委婉的赞美，最能赢取人心，调节气氛。这是有敏锐的观察、机智的应变能力才能达到的境界。

《红楼梦》中有这样的描述：史湘云、薛宝钗劝贾宝玉为官为宦，走仕途之路，贾宝玉大为反感，对着史湘云和袭人赞美黛玉道："林姑娘从来没有说过这些混账话！要是她说这些话，我早就和她生分了。"凑巧这时黛玉正好来到窗外，无意中听到这番话，使她不觉又惊又喜，又悲又叹。这之后，贾宝玉和林黛玉之间的爱情更加深厚了。

赞美别人，不单单是甜言蜜语，还要根据对方的文化修养、性格、心理需求、所处背景、语言习惯乃至职业特点、个人经历等不同因素，恰如其分地赞美对方。

张之洞任湖北总督时，适逢新春佳节抚军，谭继洵为了讨好张之洞，设宴招待他，不料，席间谭继洵与张之洞因长江的宽度争论不休。谭继洵说五里三，张之洞认为是七里三，两人各持己见，互不相让。眼见气氛紧张，席间谁也不敢出来相劝。

这时位列末座的江夏知县陈树屏说："水涨七里三，水落五里三，制台、中丞说得都对。"这句话给两人解了围，两人拊掌大笑，并赏陈树屏二十锭大银。

陈树屏巧妙且得体的言辞，既解了围，又使双方都有面子。这种赞赏就充分考虑了听者的心理和当时的情况。

人的素质有高低之分，年龄有长幼之别，因而特别的赞美比一般的赞美能收到更好的效果。老年人总希望别人不忘他当年的业绩与雄风，同其交谈时，可多称赞他引以为豪的过去；对年轻人，不妙语气稍微夸张地赞扬他的创造才能和开拓精神，并举出几点实例证明他的确能够前程似锦；对于经商的人，可称赞他头脑灵活，生财有道；对于有地位的干部，可称赞他为国为民，廉洁公正；对于知识分子，可称赞他知识渊博，宁静淡泊。当然这一切要依据事实，切不可流于虚情假意与浮夸。

在生活中，并不是人人都有好的口才，许多人的赞美往往"美"不起来。有的人说话不自在、不自然、不连贯，甚至面红耳赤，自己别扭，别人听了更别扭。还有的人因为不能恰当地运用赞美的语言，以致词不达意，反令被赞者极为尴尬。

一次，小刘的几位中学同学到自己家玩。刘妈妈对人非常热情，同这些当年的"小毛头"亲切地交谈起来。

听到大家都大学毕业了，工作也都不错，刘妈妈眼里流露出既高兴又羡慕的神色，摇着头叹息说："你看你们，是多好的孩子！一个个油光满面，到哪都讨人喜欢。俺那个崽，不会来事，三脚踹不出个屁来，到现在还没找到工作呢。"

一句话差点儿让大家背过气去，笑也不是，怒也不成。老太太本是好意，想夸奖他们一下，也许想说一句"春风满面"，但却用了一个"油光满面"，意思来了个一百八十度的大转弯。大家虽然都知道她老人家是一位文化不高的农村妇女，不知从哪里捡来一个连她自己也弄不懂的词语，但毕竟让人无言以对。

笨拙的讲话就像一架破烂不堪的录音机，使赞美这本该美妙动听的旋律变得刺耳难听，不能打动人，感染人，反而会损伤人的情绪，扭曲原意。

在一次管理层会议上，一位报告人登台了。会议主持人介绍说："这位就是吴女士，几年来她的销售培训工作做得非常出色，也算有点儿名气了。"

这末尾一句话显然是画蛇添足，让人怎么听都觉得不太舒服，什么叫也算有点儿名气呢？称赞的话如果用词不当，让对方听起来不像赞美，倒更像是贬低或侮辱。所以在表扬或称赞他人时一定要谨言慎行，注意措辞，尤其要把握好以下几条原则。

（1）列举对方身上的优点或成绩时，不要举那些无足轻重的内容，比如向客户介绍自己的销售员时说他"很和气"或"纪律观念强"之类与推销工作无关的事。

（2）赞美中不可暗含对方的缺点。比如一句口无遮拦的话："太好了，在屡次失败之后，你终于成功了一回！"

（3）不能以你曾经不相信对方能取得今日的成绩为由来称赞他。比如："真想不到你居然能做成这件事。"或是，"能取得这样的成绩，你恐怕自己都没想到吧！"

总之，称赞别人时在用词上要再三斟酌，千万不要胡言乱语。

赞美的话要说到点子上

赞美要有点专业精神，大而泛之的"真好啊""真美啊"之类的赞美，虽也属于赞美，但让人感到乏味与空洞，受到你赞美的人也激不起多少惬意。如果碰上多心或不够自信的人，说不定还会引起困惑或不安：会不会是故意这样说的呢？难道……

打个比方，别人要你看一篇他发表的文章。你看完后，只知道说"好啊好啊"的，很难取得赞美的效果。好在哪？视角独特？结构严谨？行文雅致？字字珠玑？这些话不说到，难道是因为在他的文章中找不到半点此类优点，才不得不空泛地说好？

邹忌在赞美齐威王琴艺时，是这么说的："……大王运用的指法十分精湛纯熟，弹出来的个个音符都十分和谐动听，该深沉的深沉，该舒展的舒展，既灵活多变，又相互协调，就像一个国家明智的政令一样……"

邹忌的赞美恰到好处，让人听了不会觉得他在故意逢迎，而是真心的赞美。但要恰到好处，多少需要一点专业知识，也就是说要"懂行"。懂行的话，你就能抓住需要赞美的事和物的本质，不会说乏味肤浅的空话。许多人常犯外行的错误，见了什么都说好，见了谁都说高，有的是不懂装懂，有的是只知其一，不知其二，语言不到位，说不到点子上，切不中要害，缺乏力度。

当然，世上的行业多如牛毛，我们不可能成为一个全才或通才。很多事物我们都没有拥有足够的知识去品味。这需要我们在平时有空多学习，扩大知识面。同时，对于你不具备基本知识的事物，在主动赞美时就应该避开。而在别人请你鉴赏或评论时，也可以实实在在地说明自己不懂，然后以外行的眼光简单地赞美也无可厚非。

　　有一次，我和几个朋友去拜访一位作家，谈到他新发表的中篇小说，有的说："写得真感人！"还有的说："我恐怕一辈子也写不出这么优秀的小说出来了。"其中有一位朋友说得有点特色："常言道，文如其人。您的这个中篇，全文大开大合，显示了您为人的大气；行文洗练，和您做事干脆利落的风格一致；对小人物的细腻刻画中，又见您善良悲悯的人文情怀；写的虽是悲剧但没有过多地沉浸于伤感，而是将视角抬升到了产生悲剧的原因，说明您对社会有着深刻的思考。"夸文赞人，在行在理，独辟蹊径，巧妙地换了个新角度，令人耳目一新。他的赞美与众不同，技高一筹。

　　可见，见解深刻的赞美是多么与众不同。不仅能让人对你刮目相看，更重要的是：能让被赞美者产生真实的认同感，能让他产生与你积极沟通与交流的愿望。

赞美要真诚，避免夸大其词

不管是赞美，还是恭维，稍微有些脑子的人，都知道你说的是真话还是假话。不过，人人都爱听好听的，假话说到位也受听，这里就涉及一个度的问题。过分的真诚，过分的做作，都超出了这个度，这个度的掌握，在口气里，在语言中，在表情上。

一个穷困潦倒的年轻人到达巴黎，他拜访父亲的朋友，期望对方帮自己找一份工作。

对方问："你精通数学吗？"他不好意思地摇摇头。"历史、地理呢？"他又摇摇头。"法律呢？"他再次摇摇头。"那好吧，你先留个地址，有合适的工作我再找你。"

年轻人写下地址，道别后要走时却被父亲的朋友拉着："你的字写得很漂亮啊，这就是你的优点！"年轻人不解。对方接着说："能把字写得让人称赞，一般来说是擅长写文章！"年轻人受到赞美和鼓励后，非常兴奋。

后来，他果然写出了经典的作品。他就是家喻户晓的法国作家大仲马。可见，给予真心、真诚的赞美，对方都会开心地接受并从中获得力量。

好的赞美要真诚，并且发自内心。生活中，很多人赞美别人的时候，都唯唯诺诺，声如蚊蚋。这种态度不可取，如果你用这样的态度和语气来赞美别人，显示不出你的情商。观察那些优秀的销售人员，你会发现他们夸赞别人的时候，都大大方方，不做作。

要知道，当一个人心情好的时候，思维就会变得活跃，思考问题会倾向于积极的一面，这有助于推动和加速两个人的互动关系。所以，要学会大方、真诚地赞美别人。当然，赞美别人的方式很多种，但切忌浮夸、造作。即使你的赞美缺少华丽的语言，但是只要能流露出真情实感，也会让人感觉到你的真诚——没有人能够拒绝真诚。

如，你可以夸女生漂亮，但是不可以说"你是我这辈子见过最漂亮的女生"这样的话，否则显得太虚假，一般人非但不会相信，反而会给你印上"浮夸"的标签。

贾经理在KTV唱歌时，跑调跑得厉害，最后连他自己都唱不下去了。他摆摆手说："哎呀，不行了，献丑了。"谁知他手下的一个职员马上说："唱得很好呢，简直和某某歌星不相上下。"贾经理听了，不但没高兴，还很奇怪地看了他一眼，然后不冷不热地说："我还是有自知之明的。"弄得那个职员十分尴尬。

这个职员在赞美经理时就没有遵循真诚的原则。他的赞美之词明显是随口说出的，所以经理会觉得不舒服。虽然人们都喜欢听赞美的话，但并非任何赞美都会让对方高兴。没有根据、虚情假意地赞美别人，不仅会让人莫名其妙，还会让人觉得你心口不一。例如，如果你见到一位相貌平平的先生，却偏要说："你太帅了。"对方就会认为你在讽刺他。但如果你从他的服饰、谈吐、举止等方面来表示赞美，他就可能很高兴地接受，并对你产生好感。

赞美绝不是阿谀奉承、言不由衷、夸大其词，甚至心怀叵测地夸赞对方的缺点和错误，就是非常卑鄙的了。这样的"赞美"，都不是正确的社交手段，而是钩心斗角的阴谋伎俩。所以，对人对事的评价绝对不能脱离客观基础，措辞也应把握分寸。

具体来说，真诚地赞美别人，在说话时应把握好以下几个说话要点。

第一，赞美别人要发自内心。

真诚的赞美是对对方表露出来的优点的由衷赞美，所赞美的内容是确实存在的，不是虚假的。这样的赞美才能令人信服。如果你赞美别人时口是心非，不是发自内心的，对方就会觉得你言不由衷，或另有所图。

第二，不要把奉承误认为是赞美。

真诚赞美是无本的投资，阿谀奉承等于以伪币行贿。真诚的赞美是发现——发现对方的优点而赞美之，阿谀奉承是发明——发明一个优点而夸奖之。

第三，赞美别人时要有眼神交流。

赞美时眼睛要注视对方，流露出一种专心倾听对方讲话的表情，让对方意识到自己的重要，这样才能达到一种无声胜有声的效果。

第四，赞美要有见地。

赞美对方的容貌不如赞美对方的服饰、能力和品质。同样是赞美一个人，不同的表达方法取得的效果会大相径庭。例如，当你见到一位其貌不扬的女士，却偏要对她说："你真是一位超级美女。"对方很难认可你的这些虚伪之辞。但如果你着眼于赞美她的服饰、工作能力、谈吐、举止，她一定会高兴地接受。

第五，用语要讲究一些。

要尽量避免使用模棱两可的表述，如"还可以""凑合""挺好"等。含糊的赞扬往往比侮辱性的言辞还要糟糕，侮辱至少不会带有怜悯的味道。

此外，赞美别人的时候，不能老想着能从他身上得到什么好处，能让他帮着干什么事。这样的赞美目的性太强，很容易让人觉得不舒服，甚至产生被戏弄的感觉。真诚赞美别人的前提是欣赏别人，如果赞美掺杂了很多目的性，那就动机不单纯了，一旦被人识破，就会遭人鄙视和厌弃。

真诚一直是人际交往中最重要的品质，真诚的赞美更容易获得他人的青睐。真诚的赞美，就是话语要做到准确、精炼，并且慷慨。此外，赞美行为并非局限于语言，可以是一张庆祝的小字条，一个拥抱，或者一个信任的眼神。

别让赞美变阿谀奉承

在与人交往时，有些人总是竭力恭维、美言别人。他们认为既然人都是喜欢听好话的，那么，自己多说好话自然就能取得好效果。殊不知别人并不怎么买好话的账。这是什么原因呢？

赞美并不等于善言，赞美适度才是善言。如果错误地把赞美当作善言，不分对象、不分时机、不分尺度，在交际中总是千方百计、搜肠刮肚找出一大堆的好话、赞词，甚至把阿谀当作善言，那么常常会事与愿违。

那么，如何准确地把握赞美，使赞美恰如其分而不失度地成为真正的善言，取得事半功倍的效果呢？

1. 因人而异，使赞美具有针对性

赞美要根据不同人的年龄、性别、职业、社会地位、人生阅历和性格特征进行。对青年人应赞美他的创造才能和开拓精神；对老年人则要赞美他身体健康、富有经验；对教龄长的教师可赞美他桃李满天下，对新教师这种赞美则不适当。

2. 借题发挥，选择适当的话题

赞美本身不是目的，而是为自荐创造一种融洽的气氛。比如看到电视机、电冰箱先问问其性能如何；看到墙上的字画就谈谈对字画的欣赏知识，然后再借题发挥地赞美主人的工作能力和知识阅历，从而找到双方的共同语言。

3. 语意恳切，增强赞美的可信度

在赞美的同时，准确地说出自己的感受，或者有意识地说出一些具体细节，都能让人感到你的真诚，而不至于让对方以为是过分的溢美之词。如赞美别人的发式可问及是哪家理发店理的，或说明自己也很想理这样的发式。美国前总统罗斯福在赞扬英国前首相张伯伦时说："我真感谢你花在制造这辆汽车上的时间和精力，造得太棒了。"总统还注意到了张伯伦曾经费过心思的一个细节，特意把各种零件指给旁人看，这就大大增强了夸赞的诚意。

4. 注意场合，不使旁人难堪

在多人在场的情况下，赞美其中某一人必然会引起其他人的心理反应。假如我们无意中赞美了某职称晋升考试中成绩好的人，那么在场的其他参加考试但成绩较差的人就会感到受奚落、挖苦。

5. 适度得体，不要弄巧成拙

不合乎实际的赞美其实是一种讽刺，违心地迎合、奉承和讨好别人也有损自己的人格。适度得体的赞美应建立在理解他人、鼓励他人、满足他人的正常需要及为人际交往创造一种和谐友好气氛的基础之上。

在这个物价高企的社会，美丽的辞藻是为数不多的免费"物资"之一。你不用花钱，就可以拿赞美当礼物送给别人。而接受你礼物的人，会回馈你感激与友好。除此以外，你还将享受感激与友好带来的一切回报。

第二章
赞美有料：一句话要把人说得笑

为人处世时，不要以为一味地赞美就能赢得他人的心。因为陈词滥调或者不着边际的赞美只会惹人生厌，赞美的直接目的是让对方高兴，如果你不想让对方出现审美疲劳的话，赞美的话一定要有新意，切忌老调重弹。

喜新厌旧是人们普遍具有的心理，所以赞美他人时要尽可能有些新意。陈词滥调的赞美，会让人觉得索然无味，而新颖独特的赞美，则会令人回味无穷。

赞美要带着情商

心理学家威廉·杰姆斯说："人性最深层的需要就是渴望别人欣赏。"心理学研究发现，人性都有一个共同的弱点，即每一个人都喜欢别人的赞美。一句恰当的赞美犹如银盘上放的一个金苹果，使人陶醉。

当然，赞美人并不是一件容易的事，正如水能载舟亦能覆舟一样。适当的赞美之词，恰如人际关系的润滑剂，使你和他人关系融洽，心境美好；而肉麻的恭维话却让人觉得你不怀好意，从而对你心生轻蔑。

古时有一个说客，说服别人的功力堪称一流。他曾当众夸口道："小人虽不才，但极能奉承。平生有一志愿，要将一千顶高帽子戴给我遇到的一千个人，现在已送出了九百九十九顶，只剩下最后一顶了。"一长者听后摇头说道："我偏不信，你那最后一顶用什么方法也戴不到我的头上。"说客一听，忙拱手道："先生说得极是，不才走南闯北，见过的人不计其数，但像先生这样秉性刚直、不喜奉承的人，委实没有！"长者顿时手持胡须，扬扬自得地说："这你算说对了。"听了这话，那位说客哈哈大笑："恭喜先生，我这最后一顶高帽已经戴到先生头上了。"

这个故事生动地说明了，再刚正不阿的人，也无法拒绝一个说到他心坎上的赞美。

很多人都说自己并不喜欢听别人对自己的赞美，那只是他们不喜欢听到重复、老套、空洞的赞美。高情商的人赞美别人的时候，往往会让人听得"上瘾"。

那什么是高情商的赞美？来看两段对话。

有个女生买了一个包包。你可以这样说："哟，这个包包真漂亮，从哪里买的？我前段时间也看上这款了，记得很贵的，怎么也得四五千元。"

对方说："没有啦，也就一千多点。"

"不会吧，完全看不出来，你就骗我吧。"

这是通过物贵来赞美，当然，也可以通过"人贱"来赞美。

遇到一个锻炼身体的老人，你可以说："您老人家这腿脚，这身子骨，有五十五了吗？"

"哪有，早过了，今年七十八啦。"

"不会吧，看上去至少要年轻十岁啊。"

想必老人听了，心里乐开了花。

可以说，每个人身上都可以找到值得夸赞的地方，只要你的情商足够高，就会发现不同的赞美点。

在居民小区的早点铺子里，有两位顾客都想让老板给他添些稀饭。一位皱着眉头说："老板，太小气啦，只给这么一点，哪里吃得饱？"结果老板说："我们稀饭是要成本的，吃不饱再买一碗好啦。"无奈这位客人只好又添钱买了一碗稀饭。另一位客人则是笑着说："老板，你们煮的稀饭实在太好吃了，我一下子就吃完了。"结果，他拿到一大碗又香又甜的免费稀饭。

两个人两种说方式，得到两种不同的结果，可见会说话是多么重要。在我们的生活中，人人都需要赞美，赞美不一定要把人夸得心花怒放，许多时候，它是一种社交礼仪、素养、情商的体现。

比如，我们到菜市场买菜的时候，有的摊贩嘴很甜：

"这位帅哥，要来点什么，都便宜处理了。"

"这位美女，想买点什么，今天做特价。"

见到一位女士就是"美女"，对方听了，也会欣然接受：既然这么热情，谁家都是买，就买你家的吧。结果，嘴甜的商贩生意特别好。

　　所以说，人人都喜欢被赞美。但是，与矫揉造作、阿谀奉承这种拍马屁式的赞美不同，高情商地赞美别人，一定要表现出一种诚意，一种胸怀，一种发自内心的欣赏。

要善于寻找赞美的话题

人际关系顺畅是事业成功最关键的因素，而赞美别人是处世交际最关键的课程。如果你懂得如何赞美别人，再加上你的聪明、脚踏实地的精神，就等于事业成功了一半。从一定意义上讲，学会称赞他人是事业成功的阶梯，不会赞美，就会处处触礁。

一句称赞的话，犹如一泓清泉，透彻、晶莹、沁人心脾，流泻之处充满了温馨与滋润。它不仅在人与人之间吹散了冷漠的雾霾，而且让友谊得以加深，让工作一帆风顺，让交际更得人缘。

因而，无论是熟人，还是陌生人，只要你善于寻找，对他人身上可以加以赞美的地方进行赞美，就能够打开对方的话匣子，并使他愿意与你交谈。

小梁坐火车回家，对面坐了一位漂亮的姑娘，可是待人特别冷淡，对什么事都爱理不理的。车行七八个小时，他们之间很少讲话，车厢里沉闷得让人透不过气来。小梁正打算睡觉，一下子瞥见她手上戴着一只特别别致的手镯，就顺口说了句："你的手镯很少见，非常别致，市面上好像看不到。"

没想到她眼睛一亮，微笑着向小梁介绍这只镯子的来历。然后，她又给小梁讲她外婆的故事、她家乡的故事。小梁也打消了睡意，和她聊得津津有味，等到天亮火车到站的时候，他俩都为此趟旅程的相遇感到十分欣慰。

赞美是一种重要的交际手段，它能在瞬间沟通人与人之间的感情。任何人都希望被赞美，威廉·詹姆斯就说过："人性深处最大的欲望，莫过于受到外界的认可与赞扬。"

在赞扬过程中，双方的感情和友谊会在不知不觉中得到增进，而且会调动交往合作的积极性。因此，赞美是一件好事，但若不会称赞他人，说话口无遮拦，犯了忌讳，那么，好事也会变成坏事，这也正是"一句话把人说笑，一句话把人说跳"的差别。

刘经理和赵经理很要好，志趣相投，相互嬉笑怒骂无话不说，甚至对方的忌讳也是酒后茶余的谈资。

在一次宴会上，刘经理有点儿喝多了，为了表达对赵经理曲折经历和能力的敬佩，他举起酒杯说："我提议大家共同为赵经理的成功干杯！总结赵经理的曲折经历，我得出一个结论：凡是成大事的人，必须具备三证！"

刘经理提了提嗓门说道："第一是大学毕业证；第二是职称资格证；第三是离婚证！"

"离婚证"的话音刚落，众人哗然，原本是赞美之中的玩笑话，但此时此刻极不适合提及。赵经理硬撑着喝下了那杯苦涩的酒。这"三证"中的最后一证无疑是赵经理的忌讳，他不想让更多的人知道，也不想让人们议论，但刘经理与他太好、太熟、太没有界限了。

这个例子告诉我们，在称赞与自己关系很好的人时，如果是当着其他人的面，千万不要冒犯他的忌讳。毕竟每个人都有个人隐私，请尊重朋友的忌讳。

公式化的套语有时也会冲撞别人的忌讳。

一位小伙子到同学家去玩。见到同学的哥哥后就来了一句公式套语说："大哥你好，见到你真高兴！久闻你的大名，如雷贯耳，百闻不如一见！"

没料到对方的脸一下子变红了。原来，他同学的哥哥因偷窃刚被劳教改造出来，这个小伙子不明情况就"久闻大名"地恭维了一番，不料，揭了对方的伤疤。

赞美是一种走进心灵的语言艺术，要想达到一定的水平，不免要途经一些遍布暗礁的险滩，要想走上"赞美"的彼岸，就不可让赞美的语言信马由缰，而要在赞美之词中把握一种平衡，找准方向，然后才能步履轻松、稳健妥帖靠上"赞美"之岸，否则，将使你处处触礁，落得个赞美不成反遭其害的结局。

要建立良好的人际关系，恰当地赞美别人是必不可少的。事实上，每个人都希望自己能受到别人的赞美，并且得到人们的赏识，但是，由于人与人之间相互交谈的时间并不是很多，而且不善于赞美他人值得赞美的地方。这一点着实令人感到奇怪，其实，赞美他人是非常容易的事情，不需要你付出任何代价，而赞美别人后自己得到的报偿却是多方面的。

好名声来自人们的赞美，所以人人都喜欢被赞美。美国著名社会活动家曾推出一条原则"给人一个好名声"，让人们达到它，因为人们为了获得赞美而愿做出惊人的好成绩。只要你善于赞美他人值得赞美的地方，你的赞美是不会被拒绝的。

没有人不愿意听好话。上至高僧大德，豪门大贾，下至贩夫走卒，襁褓婴儿。此乃千古不移之公理。面对卖桃的小贩，你一句"老板你的桃怎么是烂的呀？"换来的一定是"你的才烂呢！"而那位嫌樱桃小的顾客小姐，在小贩"小才美呢，就像小姐您，小巧玲珑多好"之类的得体应对之后，高高兴兴买走了好几斤价格不菲的樱桃。

莎士比亚说："我们得到的赞扬就是我们的工薪。"从这个意义上说，每个人都是别人"工薪"的支付者。我们都应该把这笔"工薪"支付给应得到的人。我们常常听周围人发出一些牢骚，这正说明，人们需要"工薪"，而支付"工薪"的人又往往太吝惜。

赞美是最好的口德，人们喜欢戴高帽子，此即从赞美而来。据说，弥勒菩萨和释迦牟尼本乃同时修行，释迦牟尼因为多修了一些赞美的语言，因此早于弥勒菩萨三十劫成佛。

赞美他人与微笑迎人是天下最直接的布施。我们何乐不为？

　　美国一位学者这样提醒人们："努力去发现你能对别人加以夸奖的极小事情，寻找你与之交往人的优点——那些你能够赞美的地方，要形成一种每天至少五次真诚地赞美别人的习惯，这样，你与别人的关系将会变得更加和睦。"

赞美要有新意，忌老调重弹

为人处世时，不要以为一味地赞美就能赢得他人的心。因为陈词滥调或者不着边际的赞美只会惹人生厌，赞美的直接目的是让对方高兴，如果你不想让对方出现审美疲劳的话，赞美的话一定要有新意，切忌老调重弹。

有这么一个故事。

一位将军听说有人称赞他漂亮的胡须，非常高兴。因为之前，几乎所有人都会称赞他的英勇善战及富于谋略的军事才干。作为一个军人，不论在这方面怎样赞美他，他都很少会产生自豪感。而赞美他胡须的那个人，他的聪明之处在于，在他的赞美词中增加了新的条目，使他的赞美让人耳目一新。

由此可见，有新意的赞美是多么重要。

有新意的赞美之所以让人印象深刻，是因为它能反映赞美者较高的情商，以及他对被赞美者的深入了解，和独具匠心的观察。因此，在赞美别人的时候，要花一些心思，多添加一些新鲜的元素，这样会提升赞美的效果。

1. 配合一个小礼物进行赞美

一次，王经理过生日的时候，收到下属的一件礼物，是一条领带。这个礼物选得有品位，又不夸张。更有意思的是，下属还对王经理说了这样一句话："谢谢您一直以来的信任，希望您继续领着我、带着我，一起成长和进步。"

哪个领导会拒绝这样送来的"领带"呢？可以看得出来，这位下属不只是嘴上说说而已，私下他是用了心的。所以说，如此的赞美，自然难以让人拒绝。

2. 适当赞扬他人的缺点

赞扬缺点？那不是反讽，或是挖苦对方吗？当然不是，这要看你的情商与话术了。应用这种方式赞美他人的原理是：对于优秀的人来说，被他人赞扬是很常有的事，所以如果你仍然赞扬对方的优点，很难给对方造成深刻印象，这时，可以从他的缺点入手进行赞美。比如，一位身材很好的女生，皮肤稍黑，你再说她身材好，很难能给她留下深刻的印象，因为有太多的人说过她身材好。那你可以说："你的肤色看上去非常健康，一看你就经常运动。"

当然，赞扬他人的缺点也有相当的风险，操作起来难度较大，很容易让对方觉得你是在"讽刺"他，所以，使用这种方法一定要考虑双方的关系、说话的场合等。

3. 利用第三者进行赞美

如果你跟对方有不少的共同朋友，则非常适合使用这个方法。比如：

"小何曾跟我讲过，他觉得你做事很靠谱，很实在。"

"说实话，无论是长辈，还是我的一些朋友，当他们谈及你的时候，都对你赞赏有加。"

接着，你感受下面的两说法，哪种更好一点。

"你读书真的很用功。"

"张老师跟我说过，你读书真的很用心。"

这两者的区别：我们有时潜意识认为，眼前和我聊天的这个人，可能会因为利益而讨好我、说好话；而转述第三者的赞美就不一样了，让人感觉更加真实，不做作。

这里需要注意的是，你在赞美对方时提到的"第三者"最好是对方比较信赖或是看重的人。有时，我们说对方如何如何，对方不一定会相信，当你通过第三者之口赞美时，可信度更高。

4. 公开场合进行赞美

很多时候，在公开场合赞美，要比私下赞美更有说服力。比如，你和老王一起跟领导汇报工作，你说："李总，我们小组这次项目之所以能够顺利地完成，很大程度也是因为有老王的帮助。他给我们提供了非常详细的数据，讲解时也很耐心，真的很不错……"这时，老王定会向你投来感激的目光。公开赞美不仅表示出了你的诚意，也让其他人对他有更多积极的了解。你既表示出了自己真诚的品质，也提高了他在圈子内的名声，对方有什么理由不喜欢你呢？

5. 加一点善意的谎言

当一个人身上不具备某些优势时，适当的赞美也可以让其信心倍增。出于这样的善意，高情商的人在赞美别人的时候，也会点缀一点谎言。

鼎鼎大名的音乐家勃拉姆斯是个农民的儿子，因家境贫寒，从小没有接受过良好的教育，更别说系统的音乐训练了。因此勃拉姆斯很自卑，音乐变成了他遥不可及的梦想。

一次勃拉姆斯认识了音乐家舒曼，受到舒曼的邀请去做客。勃拉姆斯坐在钢琴前弹奏起自己以前创作的一首C大调钢琴鸣奏曲，弹奏得有些不顺畅，舒曼则在一旁认真地听。一曲结束后，舒曼热情地张开怀抱，高兴地对勃拉姆斯说："你真是个天才呀！年轻人，天才……"

勃拉姆斯有些惊讶地说："天才？您是在说我吗？"他简直不敢相信自己的耳朵，因为从来没有人这样的夸奖过他，从此，勃拉姆斯消除了自卑感，并拜舒曼为师学习音乐，改写了自己的一生。

其实，勃拉姆斯的演奏水平还没有那么高，但是舒曼却用善意的谎言为他坚定了信心，使勃拉姆斯变成了一个有激情、自信的人。所以，用善意的谎言赞美别人，可以推进对方，让他生出信心和勇气。

　　喜新厌旧是人们普遍具有的心理，所以赞美他人时要尽可能有些新意。陈词滥调的赞美，会让人觉得索然无味，而新颖独特的赞美，则会令人回味无穷。

根据对方的优点加以赞美

恰当地赞美别人，可以使对方获得极大的心理满足，在此基础上安慰对方、鼓励对方或是规劝对方、要求对方，都能够取得良好的效果。可以说，掌握了恰到好处赞美别人的技巧，是一个人交际能力趋于成熟的标志。那么，该怎样恰到好处地赞美别人呢？

有经验的人到别人家去做客、办事，总是一进门就夸奖人家的孩子。这一招常常为愉快做客和顺利办事开了个好头。因为孩子都是父母最得意的，赞美孩子，要比赞美他们本人更能讨得其欢心。这是因为人性中有一个共同的特点，那就是喜欢别人赞美自己最得意最看重的人和事。

只有赞美别人最看重的人和事才能收到最好的效果。俗话说："萝卜青菜，各有所爱。"人与人不同，看重的人和事自然也大相径庭，这就要求我们在赞美别人之前，首先做到"知彼"，了解对方的兴趣、爱好、性格、职业、经历等背景状况，抓住其最重视、最引以为豪的人和事，将其放到突出的位置加以赞美，这样才能够最大限度地满足对方的心理需要，从而达到自己的目的。

在行营里，一次，曾国藩用完晚饭后与几位幕僚闲谈，评论当今英雄。他说："彭玉麟、李鸿章都是大才，为我所不及。我可自许者，只是生平不好谀耳。"一个幕僚说："各有所长：彭公威猛，人不敢欺；李公精敏，人不能欺。"说到这里，他说不下去了。曾国藩问："你们认为我怎样？"众人皆低首沉思。忽然走出一个管抄写的后生来，插话道："曾帅仁德，人不忍欺。"众人听了齐拍手。曾国藩十分得意地说："不敢当，不敢当。"后生告退而去。曾国藩问："此是何人？"幕僚告诉他："此人是扬州人，入过学

（秀才），家贫，办事还谨慎。"曾国藩听完后就说："此人有大才，不可埋没。"不久，曾国藩升任两江总督，就派这位后生去扬州任盐运使。

在这个故事里，曾国藩的幕僚想赞美曾国藩，但苦于"威猛""精敏"之语都已让别人先说了，因而想不出赞美他的词句。而管抄写的后生从曾国藩说过的"生平不好谀耳"中推断出他特别看重"仁德"的性格特征，于是投其所好，在这一点上加以赞美，果然让曾国藩感到舒服，并由此得到了他的赏识。可见，只要赞美得恰到好处，其效果往往是出乎意料的。

人人都有自己的长处，即使最普通最平凡的人也有"闪光点"，关键在于你是否能够"沙里淘金""慧眼识珠"。有些人常常埋怨对方没有优点，不知该赞美什么，这正说明了其缺乏发掘闪光点的能力。其不足之处在于，赞美者总是以老眼光看人，而不懂得变换视角去发掘、体察这些闪光之处，并对此大做文章。一个赞美别人的人如果不能够做到这一点，就不足以说明他是一个善于赞美的高手。

春节期间，小王住在乡下的大伯带着五岁的小孙子健健到小王家住了两天。健健性格内向，见人不爱说话，时时刻刻跟在他爷爷身边。特别是和小王的女儿玲玲在一起时，玲玲显得聪明伶俐，健健显得呆头呆脑，弄得大伯很没面子，骂健健"三脚踢不出一个屁来"。这天晚饭过后，小王和大伯边聊天边看电视，突然听到客厅里传来玲玲的哭声。两人赶快跑出去看，这才搞明白，原来健健不小心从楼梯上跌了下来，膝盖摔破了，健健忍着没哭，倒把在一旁的玲玲吓哭了。大伯见健健惹了祸，上来就骂他没出息不争气，搞得健健也大哭起来。小王见状赶紧劝导大伯，一边劝一边扶起健健，帮他察看伤口。当看到伤口出现一片血红时，小王拍着健健的肩膀啧啧称赞，说："农村的孩子就是生得结实，经得起摔打，跌得这么重也不哭，连句疼也不喊。这孩子将来肯定有出息，到了社会上能闯荡。你再看我这城市里的女儿，一根毫毛没动，光吓就给吓哭了。"一席话说得大伯心里舒服了许多，赶紧心疼地搂过健健，又是上药又是安慰地忙起来。

在这个故事里，与乡下大伯相比，小王就是一个善于发掘闪光点的赞美高手，他借助一次跌跤事件对两个孩子重新做出评价，从"身体"和"意志"的角度对健健表示由衷的赞叹，使大伯透过表面现象看到了自己孙子的可贵之处，不但心里舒服了，更重要的是燃起了对孩子的希望。

真情需要赞美，而细微之中更容易显现真情，所以，有经验的人常常抓住某人在某方面的行为细节，巧妙赞美和感谢，这样很容易博得对方的好感。其实对方之所以在细节上投入那么多的心思与精力，一方面说明对方对此有特别的重视或偏爱，另一方面也说明对方渴望自己的努力能够得到别人的关注与赏识，能够得到应有的报偿与肯定。因此，我们在交际中应善于发现细微处的用意，不失时机地以赞美和感谢来回报对方的良苦用心，这不但会带给对方巨大的心理满足，而且会加深彼此之间情感和心灵的沟通。

1960年法国总统戴高乐访问美国，在一次尼克松为他举行的宴会上，尼克松夫人费了很大劲布置了一个美观的鲜花展台，在一张马蹄形的桌子中央，鲜艳夺目的热带鲜花衬托着一个精致的喷泉。精明的戴高乐一眼就看出这是主人为了欢迎他而精心设计制作的，不禁脱口称赞道："女主人为举行一次正式的宴会要花很多时间来进行这么漂亮、雅致的计划与布置。"尼克松夫人听了，十分高兴。事后，她说："大多数来访的大人物要么不注意，要么不屑为此向女主人道谢，而他总是想到和讲到别人。"可见，一句简单的赞美他人的话，会带来多么好的反响。

戴高乐身为国家元首，却能对他人的用意体察入微，这使他成了一位格外受尊敬的人，也是他外交上获得成功的不可或缺的一面。面对尼克松夫人精心布置的鲜花展台，戴高乐没有像其他大人物那样视而不见，见而不睬，而是即刻领悟到了对方在此投入的精力，并及时地对这一片苦心表示了特别的肯定与感谢。戴高乐赞美的言语虽然简短，但是很明确，尼克松夫人被深深地感动了。

寓鼓励于赞美之中

不是任何赞美都会产生正面效应，任何事情都要有个"度"。对学生、下属、晚辈等表示赞美，如过分使用溢美之词则可能会助长对方骄傲、自满、浮躁的情绪，不利于对方学习、工作、做人等进一步的发展。如一位母亲赞美孩子："你是一个好孩子，你这种刻苦的精神让我很感动。"这种话就很有分寸，不会使孩子骄傲。但如果这位母亲说："你真是一个天才，在我看到的小孩中，没有一个人赶得上你的。"那就会使孩子骄傲，把孩子引入歧途。

这就要求我们在赞美这类人时应当把握好分寸，适可而止。少一些华丽的不切实际的溢美之词，多一些实实在在的引导、肯定和鼓励，既满足对方自我价值实现的心理，又令其感受到肩上的责任和期冀，从而更加努力上进。

丰子恺考入浙江第一师范大学后，李叔同教他图画课。在教写生课时，李叔同先给大家示范，画好后，把画贴在黑板上，多数学生都照着黑板上的示范画临摹起来，只有丰子恺和少数几个同学依照李叔同的做法直接从石膏上写生。李叔同注意到了丰子恺的颖悟。一次，李叔同以和气的口吻对丰子恺说："你的图画进步很快，我在南京和杭州两处教课，没有见过像你这样进步快速的学生。你以后，可以……"李叔同没有紧接着说下去，观察了一下丰子恺的反应。此时，丰子恺不只为老师的赞扬感到欢欣鼓舞，更意识到在老师没有说出的话当中包含着对他前程的殷切希望。于是，丰子恺说："谢谢！谢谢先生！我一定不辜负先生的期望！"李叔同对丰子恺的赞扬，激励他走上了艺术道路。丰子恺后来说："当晚李先生的几句话，确定了我的一生……这一晚，是我一生中的一个重要关口，因为从这晚起，我打定主意，专门学画，把一生奉献给艺术，几十年来一直没有变。"

将鼓励寓于赞美之中，一定要注意赞美须具体、深入、细致。

抽象的东西往往很难确定它的范围，难以给人留下深刻印象；而美的东西应该是看得见、摸得着的，感受得到的，像前面的母亲夸孩子刻苦，这很具体。如果要称赞某人是个好推销员，可以说："老王有一点非常难得，就是无论给他多少货，只要他肯接，就绝不会延期。"所谓深入、细致就是在赞美别人的时候，要挖掘对方不太显著的、处在萌芽状态的优点。因为这样更能发掘对方的潜质，增加对方的价值感，赞美所起的作用更大。

譬如说，有人送你一只花瓶，你说一句感谢话自然是必需的。但称谢的同时，再加以对花瓶的称赞，赠送者一定会更高兴。"这花瓶的式样很好，摆在我的书桌上是再合适不过了。"称赞中要隐喻对方的选择得当，他听了一定很高兴，说不定他下次还有另外一件东西送给你呢！

"好极了，这张唱片我早就想买了，想不到你送来了。"如果真是你渴望了许久的东西，你应该立即告诉送给你的人。

"对我来说这收音机再合适不过了，以后每天我们都可以有一个愉快的下午了。"直接把你打算如何使用这礼物说出来，是一个很好的赞美方法。

"我从来不曾有过这么漂亮的手帕。"把最大的尊荣给予赠送者，他一定会感到很高兴的。

感谢和称赞，是有密切的连带关系的。"承蒙你的帮助，我非常感谢。"这仅仅是感谢，如果再加上几句："要不是靠你的帮助，一定不会有这么好的结果。"加上了这样一句话，就显得完美多了。

嬉笑怒骂皆可赞美

在球场上，我们经常听到踢球或打球的小伙子们用粗俗的语言来赞美对方，大家不仅不觉得刺耳，反而觉得有一种十分朴实、真挚的情谊隐于其中，而受到夸奖者也不以粗话为不敬，相反，往往更加得意，十分快活，有时还会用粗话还击，将对方着实地再夸上一番。在一场足球赛中，一个小伙子截到球后，快速出击，左躲右闪，连过数人，飞起一脚攻破对方大门。只见胜方的队员们个个大喜，一个小伙子冲上去就给那位破门勇士一拳，大叫着："真是'牛'脚。"两人哈哈大笑。

看来，只要骂得得体，同样会有夸奖的效果。这大概正反映了男人们渴望挣脱枷锁、追求野性力量的一种心态吧！真实，嬉笑伴怒又何尝不是赞美之法呢？

赞美一个人，并不是做报告或谈工作，没必要十分严肃。赞美贵在自然，它是人际交往活动中在一定场景下的真情流露。僵硬、虚夸、做样的赞美，即使是出于真心实意，也会让人反感、提防，甚至将你归于阿谀小人之列了。所以，赞美的方式是多种多样，而且是千变万化的，在嬉笑怒骂间常可收到出奇的效果，从而增进你与朋友的友谊。

有位大学生，成绩总是第一，大家打心眼儿里佩服他，尊敬他。一次，他又考了第一名。在饭后的"侃大山"中，好几位同学都夸了他，却没有一位是用直接赞美的方式。一位同学故作心痛，手捂胸口，叹息道："既生我，何生你。"引得众人大笑。另一位作嬉皮笑脸状："今晚跟我去看录像吧，既然我赶不上你，把你拉下马也成。"而另一位同学则一副怒不可遏的样子："这日子没法过了！"惹得同学们一阵欢笑。那位成绩第一的同学也跟着大伙笑，并真诚地表示自己一定会尽全力帮助别人。他在同学们中的形象更好了。

嬉笑怒骂皆赞美是要讲究对象、场合和方式方法的。如果不顾及你与对方的关系、所处的环境而滥用此法，别人就会觉得你不庄重、不真诚、俗不可耐，不但不能收到赞美对方的效果，反而影响了自己的形象。

一般来说，嬉笑怒骂应用于非正式的场合，如在聊天、锻炼、娱乐中，在比较正式的场合，特别是大庭广众之下，切忌这些太随便的方式。

另外，嬉笑怒骂用于青年人中间，特别是同学、朋友间比较合适。对话人之间应彼此熟悉，关系较为亲密。一般的朋友或初次见面时，则不宜采用此法。在有上、下级关系或长、晚辈关系的人之间，更不宜用嬉笑怒骂的方式来赞扬对方。

嬉笑怒骂还不宜使用得过于频繁。因为这种正话反说、随随便便的赞美方式本身就有一定的冒犯他人的性质，如使用过滥，不仅会使赞美串了味，使对方误以为你是在挖苦他，而且你个人的形象也会因此受到极大的损害。

善于说祝贺的话

祝贺是人际交往中常用的一种交往形式，一般是指对社会生活中有喜庆意义的人或事表示良好的祝愿和热烈的庆贺。通过祝贺表示你对对方的理解、支持、关心、鼓励和祝愿，以抒发情怀，增进感情。

祝贺语从语言表达形式看可以分为祝词和贺词两大类。

祝词是指对尚未实现的活动、事件表示良好的祝愿和祝福之意。比如重大工程开工、某会议开幕、某展览会剪彩要致祝词；前辈、师长过生日要致祝寿词；参加酒宴要致祝词；等等。

贺词是指对于已经完成的事件、业绩表示庆贺的祝颂。比如毕业典礼上，校长对毕业生致贺词；婚礼上亲朋好友对新郎新娘致贺词；对同事、朋友取得重大成就或获得荣誉、奖励致贺词，等等。

祝贺要注意以下两点：

1. 祝贺要注意场合

般说，祝贺总是针对喜庆意义的事，因此，不应说不吉利的话和使人伤心不快的话，应讲一些喜庆、吉祥、欢快的话，讲使人快慰和振奋的话。如言辞与情绪不合场合，就必定要碰壁。

鲁迅在散文《立论》中讲到这样一个故事：一户人家生了个男孩，合家高兴透顶。满月的时候，抱出来给人们看，自然是想得到一点好兆头，客人们众说纷纭。一个说："这孩子将来会发大财的。"一个说："这孩子是要做大官的。"他们都得到了主人的感谢。只有一个人说："这孩子将来是要死的。"虽然他说的是必然，但还是遭到大家一顿合力痛打。从讲话艺术的角度看，他不顾当时特定情景，讲了不合时宜的话，遭到大家的痛殴，这也是难免的。

2. 祝贺词要简洁，有概括性

祝贺词可以事先做些准备，但多数是针对现场实际，有感而发，讲完即止，切忌旁征博引、东拉西扯。语言要明快热情、简洁有力，才能产生强烈的感染力。

有些祝词、贺词要进行由此及彼的联想、因景生情的发挥，但必须紧扣中心，点到为止，给听众留下咀嚼回味的余地。比如：

某人主持婚礼。新郎是畜牧场技术人员，新娘是纺织厂女工。婚礼一开始，他上前致贺词：

"我今天接受爱神丘比特的委托，为新时代牛郎织女主持婚礼，十分荣幸。"

新郎新娘交换礼物。新郎为新娘戴上金戒指，新娘送给新郎英纳格手表。这时，主持人又上前致辞说：

"黄金虽然贵重，不及新郎新娘金子般的心；英纳格手表虽然走时准确，也不及新郎新娘心心相印永记心间。"

他的即兴婚礼贺词，得体而又热情，简洁而又明快，博得了一阵热烈的掌声。

每个人都有喜欢被别人恭维的心理，即使那些平时说讨厌恭维的人其实内心也是喜欢听恭维话的。最重要的是，你的恭维话要说得巧妙，不显山露水，不露丝毫痕迹，恰到好处，被恭维的人就会恰然自得了。

第三章
赞美有方：有技巧的表达更能俘获人心

　　恰到好处地赞美别人，让别人情不自禁地感到愉悦和鼓舞，从而对赞美者产生亲切感。彼此的心理距离因为赞美而缩短、靠近，从而达到赞美者的目的。善于赞美他人，往往会成为你为人处世的有力武器。

搔痒要搔到痒处

搔痒要搔到痒处，这是一个很浅显的道理。同样，赞美的话要说到对方心里。口才高手的赞美，高就高在能够发现平常人所未注意到的痒处，用语言作为搔痒的搔子，把别人搔得神清气爽、五体通泰。

人云亦云的赞美虽然也是赞美，但最多是聊胜于无的赞美而已。口才高手会努力去发现、挖掘别人所看不到的地方。你要是赞美袁隆平对水稻培育甚至对人类做出了多么大的贡献，虽然说的是事实，但他一定不会怎么在乎。因为这一块早就被众多高官、媒体以及千万张嘴赞过了，早就结了厚厚的茧子，你的这一下搔过去，铁定没有任何感觉。口才高手的赞美就会不同，会发掘他不为大众所知的一面来赞美，夸他摩托车技术好，赞他饭菜做得好。这样效果一定会好很多。爱因斯坦就这样说过，别人赞美他思维能力强，有创新精神，他一点都不激动，作为大科学家，他也听腻了这样的话，但如果赞美他的小提琴拉得不错，他一定会兴高采烈。巧的是，袁隆平也爱好拉小提琴，并且技术也不错，在公开场合有过即兴表演，或许从这个角度来赞美，会有不错的效果。

对任何一个人而言，最值得赞美的，不应是他身上早为众所周知的明显长处，而应是那蕴藏在他身上，既极为可贵又尚未引起重视的优点。正如安德烈·毛雷斯曾经说过的："当我谈论一个将军的胜利时，他并没有感谢我。但当一位女士提到他眼睛里的光彩时，他表露出无限的感激。"

于是，我们找到一把钥匙来打开他人的渴望赞美的隐秘之门。只要你留意他们最爱谈的话题便可。因为言为心声，他们心中最在意的，也是他们嘴里谈得最多的。你就在这些地方赞美他，一定能搔到他的痒处。

几句恰到好处的赞美，之所以起到金石为开的作用，皆因能找到各种不同的典型人物所偏爱的赞美。一个叫凯雷的人自己对赞美的妙处总结道："有一回，我得到机会对身居最高法院大法官的博罗试用赞美术。你知道，大法官总是铁面无私的一副面孔，其内心世界隐藏得很深，一般人想赞美他，恐怕马屁会拍到蹄上了呢。那时，博罗刚刚在西部某大学做完演讲。但我很明白，如果我对这位老先生说一些关于他的演讲的话，是不会讨好他的。因为演讲对他来说，已经是老调了，可以说犹如锦囊探物一般有把握。于是我对他说：'大法官，我真想不到一位主宰最高法庭的人，会这样富有人情味。'他立刻对我发出会心满意的微笑。"

"有不少人，他们喜欢听相反的话；更有许多人，喜欢别人把他们当作有理智的思想家。有一回，我与一个人讨论一件颇有争议的社会问题，我对他说：'因为你是这样的冷静、敏锐，因此我想知道，我们究竟应该站在什么立场？'他听了我的话，立刻现出满面春风的样子，并详细对我说了他对此事的立场态度。原来此人是愿意人家说他是敏锐、冷静的。"

吉斯菲尔告诉我们："几乎所有女人，都是很爱美的，这是她们最大的虚荣，并且常常希望别人赞美这一点。但是对那些有沉鱼落雁之容、闭月羞花之貌的倾国倾城的绝代佳人，那就要避免对她容貌的过分赞誉，因为她对这一点已有绝对的自信。如果你转而去称赞她的智慧、仁慈，如果她的智力恰巧不及他人，那么你的称赞，一定会令她芳心大悦、春风满面的。"毫无疑问，吉斯菲尔的话，能启发我们赞美的思路。

相对搔在长了厚茧的麻木处来说，搔到别人疼处就更加失败与倒霉透顶了。大李去老吴家拜访，见墙上挂着一幅照片，照片上是一个十七八岁的女孩。大李问："这是……"老吴回答："哦，我女儿。"大李一阵猛夸孩子长得漂亮乖巧，赞老吴命好，却没有得到老吴多少回应。后来，大李才在偶然之中，从别人口里得知老吴的女儿在几年前因为车祸离开了老吴。虽说不知者无罪，但大李要是警醒一点的话，或者会话水平高一点，是不至于发展到拼命夸赞，甚至说什么命好之类的话去伤害老吴的。

赵总今年四十岁，但看起来比较显老。一天，来了一名新员工，在办公室聊天，新员工说赵总显得年轻。赵总就让他猜猜他的年龄，新员工说："您最多五十。"赵总很失望地摇摇头，周围的老员工也忍不住在偷偷地笑。新员工连忙问："那我猜的与您的年龄相差多少呀？"赵总说："十岁。"新员工兴奋地说："您真显年轻，说您六十，我还真不信。"看看，又是一个蹩脚的"赞美大师"，老总长得太显老不是你的错，你眼拙猜错了十岁也就算了，无法更改了。为什么不在听说相差十岁时，把年纪往小十岁来说呢？"哎呀，您原来是四十岁，您看我真笨，猜得太离谱了！"管他到底是四十还是六十，反正就该往好的地方说。

由上面的两个例子可见，没有把握的事情，切不可随意贸然行事，放肆赞美。如果一定要赞美，不妨先尽量来点火力侦察，探探底、摸摸情况再做是否深入的定夺。

赞美要"有理有据"

英国著名哲学家培根说："即使是真诚的赞美，也必须恰如其分。"这里所说的恰如其分，是指赞美别人要具体、确切，避免空泛、含混。赞美是需要理由的，赞美越具体明确，就越能让人觉得真诚、贴切，其有效性就越高。相反，空泛、含混的赞美由于没有明确的赞美理由，经常让人觉得难以接受。

比较一下下面两个例子。

甲："你的论文非常有创新性，比如关于智能家居方面的问题，提得非常好，不但大多数人没想到，而且你竟然提出了改进意见。相信你对自己的文章也非常满意。"

乙："你的论文写得真是太棒了，我觉得非常好。"

甲乙两人虽然同时表达了赞美之情，但甲的赞美更实在，更容易让人接受。而乙的话却说得像是场面话，缺乏那么一点诚意。所以，在赞美别人时，不妨把话说得具体、清楚些。

要知道，当你夸一个人"真棒""真漂亮"时，他的内心深处就会立刻产生一种心理期待，想听听下文，以求证实："我棒在哪里？""我漂亮在哪里？"此时，你如果没有具体化的表述，就会让对方非常失望。所以，你就应该证明给他看。

王小姐是一个大型企业的总裁秘书，有三个客人都跟她说想要见她的领导。第一个客人对她说："王小姐，你的名字挺好的。"当时王小姐心里特想听听她的名字好在哪儿，结果，那位客人不再说了。王小姐感觉那个人不真诚。

第二个客人说："王小姐，你的衣服挺漂亮的。"王小姐立刻想听听她的衣服哪里漂亮，结果也没了下文，话还是没有说到位，让王小姐很失望。

第三个客人说："王小姐，你挺有个性的。"当王小姐想知道自己到底有什么样的个性时，那个客人接着说："你看，一般人都是把手表戴在左手腕上，而你的戴在右手腕上……"王小姐听后，感觉自己确实有点与众不同，很高兴，于是就让第三个客人见了她的领导，结果签了一个十万元的单子。这个十万元对于第三个客人来说，是很大的一笔生意。

上例中前两位客人由于赞美的话都是泛泛之词，只有第三位才把赞美的话具体化，最终签了大单。可见，赞美之词应当讲究具体才行。而像"你太漂亮了，你真棒，你真聪明"之类的赞美，比较笼统、空洞、缺乏热忱，有点像外交辞令，太程式化，会给人一种敷衍的感觉，有时甚至有拍马屁的嫌疑，会让人怀疑你的动机不纯，容易引起对方的反感与不满。

但是，如果你能详细地说出她哪里漂亮，她什么地方让你感觉很棒，她怎么聪明，那样，赞美的效果就会大不相同。因为具体化可视、可感觉，是真实存在的，对方自然就能由此感受到你的真诚、可信。因此，赞美只有具体化，才能深入人心，才能与对方内心深处的期望相吻合，从而促进你和对方的良好交流。

那么，我们如何观察才能发现对方具体的优点，并用恰当的语言表达出来呢？

1. 指出具体部位的亮点

我们可以从他人的相貌、服饰等方面寻找具体的闪光点，然后给予评价。

比如，当你赞美一位女士时说"你太漂亮了"，不如说"你的皮肤真白，你的眼睛很亮，你的身材真高挑，在美女群中很抢眼……"她的脑海里就会马上浮现出"白皙的皮肤，美丽的眼睛，苗条的身材……"这样，你的赞美之词就会让她难以忘怀。因为具体化的东西往往是可视、可感觉的，对方自然能够由此感受到我们的真诚、亲切与可信。

2. 和名人做某种比较

对于外表的赞美，倘若能结合名人来做比较，效果会更好。社会名人和明星往往是大家喜欢甚至崇拜的对象，他们的知名度也比较高。如果你想夸赞某人，若能指出他的整体或某个部位像哪一位名人或明星，自然就提高了他的形象。

3. 以事实为根据进行引申

用事实做根据，从而引申出对性格、品位、气质、才华等方面的赞美。比如：当你看到一位女士佩戴的珍珠项链，你可以这样赞美她："您真有品位，珍珠项链显得自然高贵，英国的戴安娜王妃就最喜欢珍珠首饰了。"

当你看到同事家挂在墙上的结婚照时，可以这样说："你应该多送你太太聘礼。"同事不解地问："为什么?"你若这样解释："因为你娶了一位电影明星啊。"他听到这样的夸赞后，心里一定美极了。

在人际交往中，要想使我们的赞美效果倍增，就要学会具体化赞美，即在赞美时具体而详细地说出对方值得赞美的地方。这样既能让对方感受到我们的真诚，又能让我们的赞美之词深入人心。

请教式的赞美

每个人都有"好为人师"的自大心理，所以，在许多时候以低姿态、有针对性地去请教他人，以自己的普通甚至低劣凸显对方在某方面的高明或优势中，可以起到赞美他人的作用。恰到好处地使用此种方式，既成功地赞美了别人，又能给人留下为人虚心好学的好印象。

有位朋友金文，他认识许多学术界的泰斗，并常常得到他们的指点。问及他们之间的相识，也是缘于赞美运用得法。因为有很多人也曾拜访过这些大师，但往往谈不了几句便无话可说，很快被"赶"了出来，而他竟成为大师们的座上客，其中自有奥秘。准备在学术领域有所建树的金文，自然也很仰慕这些大师，他得知拜访这些人不易，在每次拜访一位第一次见面的专家时，他先将这个人的专著或特长仔细研究一番，并写下自己的心得。见面之后，先赞扬其专著和其学术成果，并提出自己的想法。由于他谈的正是大师毕生致力于其中的领域，自然也就激起了大师的兴趣，并有了共同话题，谈话中，金文又提出自己不理解的地方，请求大师指点，在兴奋之际大师自然不吝赐教，于是金文既达到了结交的目的，又增长了许多见识，并解决了心中存在的疑惑，可谓一举多得。

此例中，金文就在有求于人时，巧妙地运用了请教式赞语。金文所请教的，正是对方引以为豪，并最感兴趣的，自然使对方高兴，使其心理得到满足，此时，金文的问题也就不成为问题了。当然，这个例子，只是生活中的一个方面，如果运用恰当，在生活的方方面面，都能行得通。

在现实生活中，人们常常因为这样那样的原因与别人产生矛盾，引起争吵和纠纷。对于人际关系中始料不及的纠纷，如果不及时解决，容易使双方积怨加深，妨碍彼此正常的工作、生活，甚至会给别人带来不良影响。因此，巧妙地赞美他人能调解纠纷，化干戈为玉帛，避免不必要的损失，让人际关系变得和谐融洽。

1. 维护双方形象

不对矛盾的双方进行批评指责，相反，分别赞美争执的双方，肯定他们各自的价值，使他们感到再争执下去只会损害自己的形象，因而自觉放弃争吵。

星期天，小陈一家包饺子，婆婆擀饺子皮，小陈夫妻俩包。不一会儿，儿子从外面跑进来："我也要包。"

婆婆说："大刚乖，去洗了手再来。"

儿子没挪窝，在一旁蹭来蹭去。妻子叫："蹭什么！还不去洗手，看，弄得一身面粉，我看你今天要挨揍。"

"哇……"五岁的大刚竟哭起来。

"孩子还小，懂什么？这么凶，别吓着他！"婆婆心疼孙子了。

"都五岁了还不懂事，管孩子自有我的道理。护着他是害他！"

"谁护着他了，五岁的孩子能懂个啥，不能好好说吗？动不动就吓他！"

小陈一看，自己再不发话，"火"有越烧越旺之势，便说："再说，今天这饺子可就要咸了哟！平日里，街邻、朋友都说我有福气，羡慕我有一个热情好客、通情达理的母亲，夸我有一位事业心强、心直口快的妻子，看你们这样，别人会笑话的。大刚还不快去让奶奶帮你洗洗手，叫奶奶不要生气了。"又转向妻子："你看你，标准的'美女形象'，嘴撅得都能挂十只桶了。生气可不利于美容呀！"妻子被他逗乐了。那边，母亲正在给孩子擦着身上的面粉，显然气也消了。

2. 唤起当事人的荣誉感

讲述吵架者可引以为豪的一面，唤起其内心的荣誉感，使其自觉放弃争吵。

在一辆公共汽车上，乘务员关车门时夹住了乘客，但自己还不认账，这时一青年打抱不平，对乘务员说："你是干什么吃的！不爱干，回家抱孩子去！"乘务员的"嘴"像刀子，两人吵了起来。这时，车上有位老工人挤了过去，拍拍青年的肩膀说："小丁，你当机修大王还不够，还想当个吵架大王吗？"青年说："师傅，我可不认识你呀！""我认识你，上次我去你们厂，你站在门口的光荣榜上欢迎我，那特大照片可神气呢！"小伙子一下红了脸。老工人说："以后可不要再吵架了，这不是解决问题的办法。"一场纠纷就这样平息了。

3. 恰当地"褒一方，贬一方"

人们在吵架的时候经常为了谁对谁错、谁好谁坏而争执不休。因此，劝架者应不对双方道德上的孰优孰劣做出判断，而是在二者个性、能力的差异上适当地"褒一方，贬一方"，使被褒的一方获得心里满足，并放弃争执，而又不伤害被贬的一方，使劝解成功。

小陈和小杨是某学校新来的年轻教师，小陈心细，考虑事情周到，小杨性情有些鲁莽，但业务能力较强。一次，两个年轻人发生了争执，小陈说不过小杨，感觉很委屈，跑到校长处诉苦。校长拍拍小陈的肩膀说："小陈啊，你脾气好，办事周到，这个大家都清楚，也都很欣赏，可是小杨天生是个暴脾气，牛脾气一上来什么都忘了，等脾气过去了就没事。你是一个细心人，懂得如何团结同事、搞好工作，你怎么能跟他那暴脾气一般见识呢？"一番话说得小陈脸红了起来。

4. 大事化小，小事化了

缩小争端本身的严重性，使一方或双方看淡争端，从而缓和情绪，平息风波。

一对新婚不久的夫妻因家庭小事闹矛盾，女方一气之下跑回娘家哭诉告状，说男方欺负她。哥哥听罢心想：妹妹结婚不久就遭妹夫欺负，日后还有好日子过？于是，气愤地扬言要去教训妹夫。这时，父亲对儿子说："教训他，别冲动！教训他就能解决问题吗？好了，你妹妹家里的小事，用不着你操心，还有我和你妈呢。你多管些自己的事去吧。"

待儿子息怒离开后，父亲又劝慰女儿说："别哭了，又不是什么大不了的事，都结婚出嫁了，还耍小孩子脾气，多羞人。小夫妻哪有不吵架的，我当初和你妈就常吵闹呢。不过，夫妻吵架不记仇，夫妻吵架不过夜。你不要想得太多，日后凡事要大度些，不要像在娘家那样娇气任性。好，快点回你们小家去，不要让他到这里来找你回去，他是个不错的小伙子。家丑不可外扬，以后，丁点儿小矛盾不要动不动就往娘家跑。"

女儿点头止哭，像没事一样，回她的小家去了。

夫妻吵架本是平常的事，而当事人本身却认为事情很严重。因此，父亲在劝慰女儿的过程中，始终强调夫妻闹别扭只是"丁点儿"小事情，促使女儿把争端看得淡一点。女儿在冷静思考之后，认同了父亲的看法，思想疏通了，气也自然消了。

背后的赞美更有"杀伤力"

我们都知道，在背后说一个人的坏话是会传到当事人的耳朵里，但是却很少想过，在背后赞美一个人也会传到对方耳朵里。常常，我们为了讨好别人，朋友、同事或者上司，总是拼命地想尽办法说出些打动他们的话，但是很多时候却没看到什么效果。殊不知，在背后的赞美往往会有奇效。

有一家公司的经理，是一个很有才能的人，但是脾气比较古怪。由于经理对公司经营有方，使得公司赢利丰厚。所以，经理难免心里飘飘然，希望多听到下属对自己的称赞和恭维。

刚开始，每当经理谈成一笔生意的时候，下属们都交口称赞，经理也很得意，心花怒放。可是时间久了，经理感觉这样的赞美太单一，也觉得这样的称赞缺乏诚意，有些索然无味了。就算有人当着他的面，把他夸上了天，他也显露不出一丝的满意。因此，当着经理的面，大家都不知道该赞美好呢，还是默不作声好。

有一次，经理又成功地谈成了一笔大生意，非常开心地和下属们开庆祝会。公司里新来的小彭一直都很景仰经理，这次更感觉经理是商业上的天才，因此，忍不住向身边的同事赞美起了经理，并表示能跟着这样的经理做事，真是受益匪浅，还说要以经理为榜样。

后来，经理从别人的口中听到了小彭对自己的夸赞，十分开心，他满意地对大家说："像小彭这样工作努力又谦虚的员工，才是我们公司要培养的目标啊。"

很快，小彭就受到了经理的重用，职场生涯也因此平步青云。

所以，如果你要赞美一个人时，背后说的效果往往比当面说的效果不知道要好多少。因为，当面夸赞一个人，别人也许会以为你是在讨好他，可能不会放在心上。而背后赞美一个人，往往让别人觉得你特别真诚，他也会打心底高兴，对你也会产生好感。换个角度想，如果有人告诉你，某某在背后说了你很多好话，你是不是也会特别高兴呢？所以，这样的方式对每个人都是受用的。

在日常生活中，如果我们想赞扬一个人，不便对他当面说出或没有机会向他说出时，可以在他的朋友或同事面前，适时地赞扬一番。

据国外心理学家调查，背后赞美的作用绝不比当面赞扬差。此外，若直接赞美的度不足会使对方感到不满足、不过瘾，甚至不服气，过了头又会变成恭维，而用背后赞美的方法则可避免这些问题。因此，有时不适合当面赞扬时，不妨通过第三者间接赞美，这样的效果可能会更好。

每个人都认为"天生我材必有用"，工作中的每一点成绩都能使自己有一种自豪感。所以，在工作中恰到好处地赞美合作者所付出的才智、汗水、努力和作用，会使对方感到自己在工作中的价值，获得心理上的满足，使合作双方的关系更融洽。

借第三者之口赞美

每个人都喜欢被赞美的感觉，所以很多人都利用这一点去赢得他人的好感，但是老是当面赞美别人，即便语言再动听，听多了也是会麻木的。其实有一种赞美别人的方式，那就是通过第三人之口去赞美一个人，这是你与那个人关系融洽的好方法。

比如，若当着面直接对对方说"你看来还那么年轻"之类的话，不免有点恭维、奉承之嫌。如果换个方法来说："你真是漂亮，难怪某某一直说你看上去总是那么年轻！"可想而知，对方必然会很高兴，而且没有阿谀之嫌。因为一般人的观念中，总认为"第三者"所说的话是比较公正的、实在的。因此，以"第三者"的口吻来赞美，更能得到对方的好感和信任。

1997年，金庸与日本文化名人池田大作展开一次对话，对话的内容后来辑录成书出版。在对话刚开始时，金庸显现了谦虚的态度，说："我虽然与会长（指池田）对话过的世界知名人士不是同一个水平，但我很高兴尽我所能与会长对话。"池田大作听罢赶紧说："您太谦虚了。您的谦虚让我深感先生的'大人之风'。在您的七十二年的人生中，这种'大人之风'是一以贯之的，您的每一个脚印都值得我们铭记和追念。"池田说着请金庸用茶，然后又接着说："正如大家所说'有中国人之处，必有金庸之作'，先生享有如此盛名，足见您当之无愧是中国文学的巨匠，是处于亚洲巅峰的文豪。而且您又是世界'繁荣与和平'的香港舆论界的旗手，正是名副其实的'笔的战士'。《左传》有云：'太上有立德，其次有立功，其次有立言，是之谓三不朽。'在我看来，只有先生您所构建过的众多精神之价值才是真正属于'不朽'的。"在这里池田大作主要采用了借用他人之口予以评价的赞美方式，无论是"有中国人之处，必有金庸之作"，还是"笔的战士""太上……三不朽"等，都是舆论界或经典著作中的言论，借助这些言论来赞美金庸，显然既不失公允，又能恰到好处地让对方满足。

在人际交往中，我们要善于借用他人的言论来赞美对方。这种方式，不仅让人觉得很自然，而且更能达到效果。一般说来，人受到不熟悉的第三者的赞美时比受到自己身边的人的夸奖更为兴奋。

假借别人之口来赞美他人，可以避免因直接赞美而导致的吹捧之嫌，还可以让对方感觉到他所拥有的赞美者为数众多，从而在心理上获得极大的满足。虽然每个人都爱听赞美的话语，但并非任何赞美之语均能使人感到愉悦。因此，在赞美一个人的时候，既要做到实事求是，又要运用一定的策略性手段。别出心裁的赞美，往往能产生神奇的效果，甚至会带来意外的收获。

回应赞美不只是说"谢谢"

在中国，做人谦虚一直是主流教育。中国人的性格成长环境，整体很内敛，如果太招摇可能会招到别人的白眼。所以在被赞美的时候，我们总是下意识地"解剖"自己的不足，或是"习惯性"地回夸。有的人这个时候甚至会表现很腼腆，或者很尴尬。

这种"下意识"反应，一般由下面两种原因造成。

"认知失调"是其中之一，美国社会心理学家——费斯汀格，在他的《认知失调论》中提到过，他人对自己的认知和我们的自我认知相冲突的时候，就会导致认知失调。什么是认知失调？简单来说，就是别人夸你，而你又觉得自己没必要被夸，这时，就可能认知失调。《认知失调论》中说："这种心理反应，会引起心理紧张，而当事人会"下意识"否定别人，来找寻心理平衡点。"这种反应的直观反馈就是，当事人开始"自我反思"。

"后天养成"则是另一种原因。一般来说，被夸奖人在听到别人的夸奖后，心里其实很得意："那是肯定的！"但是嘴上依然很谦虚。这种条件反射式的回应，多半是因为被夸奖者的家人、同事、和周围的人收到赞美会感到尴尬，然后这种尴尬彼此感染，形成了习惯。

那该如何回应他人的赞美呢？

商业心理学家 Mark Goldstone 说道："当有人赞美你的时候，他们在和你分享你的行为对他们的影响。他们并不是在问你是否同意。"我们都知道赞美别人是礼貌的行为，但是有时候我们会觉得这是客套，所以才需要客套回去。其实，接受别人的赞美，和赞美别人一样是礼仪问题。别人赞美了你，是对你的鼓励，你当然要以感谢来回应，这是很正常的表现方式。

所以，在被赞美时，不要感到难堪，也不要有过多的想法，要学会得体、大方地回应。

1. 回应因人而异

当对象是长辈，或者是领导的时候，要先表示感谢，然后可以说，要以对方为榜样，还要继续努力。同时，在说这些话的时候，一定要保持微笑。比如，微笑着说："您过奖了，我还有很多地方要向您学习请教呢。"

如果对象是朋友或同事，要先表示感谢，再大体赞同对方的夸奖，最后表示自己还有很多地方有待学习的方法来回应。比如，有人说："你是我们不可多得的技术能手。"对此，可以这样回应："谢谢夸奖，虽然领导比较认可我，但是，我做得还不够好，咱们一起努力。"

2. 适度表示谦虚

中国人讲究谦恭礼让，谦虚是一种传统美德，所以当别人在夸奖你的时候，你也应该谦虚地回应。比如：别人在夸你努力的时候，就可以回答："其实我这人有点笨，所以就勤快点，勤能补拙嘛。"

别人在夸你年轻有为时，就说："哪里哪里，我还有很多要学习的地方，都是朋友帮忙。"

别人在夸你聪明的时候，就可以说："没有没有，碰巧我那天看过一点。"

别人夸你人品好的时候，就可以说："人家对我也很好。"

或者，你也可以多用一些客套词，像愧不敢当、过奖了、谬赞了、承蒙夸奖（抬爱）、这是我分内的事等等。

3. 及时回赞对方

这里，有一个公式可以套用：感谢对方+夸奖对方。比如，当长辈阿姨们称赞你"漂亮大方"时，你也可以甜甜地对她们说："谢谢阿姨夸奖，不过阿姨保养得可真好，又优雅，又有气质。"阿姨们听完也会很开心，只是说几句的事情，可以让彼此都开心，何乐而不为呢？

别人夸你一句，你回夸一句，这才是社交。如果是比较要好的朋友称赞你的话，也不妨以开玩笑的方式回答他们。比如：

"我很佩服你的心胸。"

"哎呀，瞎说啥大实话呢。"

"低调，低调，为我保密哦。"

对于赞美，不应表得太得意，或是害羞、木讷，在感谢对方对你的评价的同时，要对自己有一个正确的估计，在此基础上，再结合巧妙的话术进行回应，这样，才能体现出你的高情商。

恭维的话要悠着点说

当一个人听到别人的恭维话时，心中总是非常高兴，脸上堆满笑容，嘴里连说："哪里，我没那么好！你真是很会说话！"即使事后冷静地回想，明知对方所讲的是恭维话，却还是没法抹去心中的那份喜悦。

1. 恭维要投其所好

要了解对方的嗜好、习性，乃至脾气和情感，抓住对方的心理弱点，选用对方真正感兴趣的事情进行恭维，使对方感到非常合乎心意，这样才能取得最好的效果。

袁世凯窃取了中华民国临时大总统的权力后，每天做着皇帝梦。有一天袁世凯还在睡午觉，一位侍婢正好端来参汤，准备供袁世凯醒后进补，却不慎将玉碗打翻在地。婢女自知大祸临头，吓得脸色苍白、浑身打战。因为，这只玉碗是袁世凯在朝鲜王宫获得的"心头肉"，过去连孝顺太后老佛爷也舍不得拿出来，现在化为碎片，自己必将遭受杀身之祸；正当侍婢惶惶唯思自尽之时，袁世凯醒了，他一看见玉碗被打得粉碎，气得脸色发紫，大吼道："今天俺非要你的命不可！"

侍婢连忙哭诉着："不是小人之过，有下情不敢上达。"

袁世凯骂道："快说快说，看你编的什么鬼话！"

侍婢道："小人端参汤进来，看见床上躺的不是大总统。"

"混账东西！床上不是俺，能是谁？"

侍婢下跪道："我说。床上……床上……床上躺着的是一条五爪大金龙！"

袁世凯一听，以为自己是真龙转世，要登上梦寐以求的皇帝宝座了，顿时，一股喜流从心中涌起，怒气全消了，情不自禁地拿出一沓钞票为婢女压惊。

婢女在生死存亡关头，通过一句恭维妙语，不仅免了杀身之罪，还获得了奖赏。

2. 恭维要逢迎其长

我们经常在一些个体商场遇到这样的情形：开始营业员同顾客在质量、样式或价格上争论得很厉害，但后来，营业员改变了战术，突然转而夸奖顾客在谈论商品方面的丰富知识经验，说："看起来先生是一个特别懂行的人，我真得好好请教请教！""即使你不买这件衣服，我的收获也很大！"说也奇怪，顾客被这么一夸奖，一恭维，反而心中不安，讨价还价的事也忘在了脑后。甚至还有些顾客，营业员一恭维他，他就感到不买下商品就对不住营业员似的。

3. 恭维要圆滑巧妙

最妙的恭维是不露痕迹，不让人看出你是别有用心"拍马屁"，既抬高了别人又不贬低自己。

南朝有个著名的书画家叫王僧虔，是晋代王羲之的四世族孙，他的行书、楷书继承祖法，造诣很深，一手隶书也写得如行云流水般飘逸。

当朝皇上齐高帝萧道成也是一个翰墨高手，而且自命不凡，不乐意听别人说自己的书法低于臣子，王僧虔因此很受拘束，不敢显露才能。

一天，齐高帝萧道成提出要和王僧虔比试书法高低。

于是，君臣二人都认真写完了一幅字。写毕，齐高帝萧道成傲然问王僧虔："你说，谁为第一，谁为第二？"

若一般臣子，当然立即回答说"陛下第一"或"臣不如也"。但王僧虔也不愿贬低自己，明明自己的书法高于皇帝，为什么要做违心的回答呢？但他不敢得罪皇帝，怎么办？王僧虔眼珠子一转，竟说出一句流传千古的绝妙答词："臣书，臣中第一；陛下书，帝中第一。"

他巧妙地把臣子与皇帝的书法比赛分为两组，即"臣组"和"帝组"，并对之加以评比，既给皇帝戴了一顶高帽子，说他的书法是"皇帝中的第一"，满足了皇帝的冠军欲，又维护了他自己的荣誉和品格，使皇帝更敬重他的风骨，觉得他不是那种专门拍马屁的家伙。

果真，齐高帝萧道成听了，哈哈大笑，也不再追问两人到底谁为第一了。

4. 恭维要因人而异

恭维应根据每个人的特点，用不同的方式，讲不同的恭维话。比如男士就不宜过多地恭维女士的相貌。对青年客户恭维他的创造才能和开拓精神，对老年客户恭维他的身体健康、富有经验就比较合适。对商人，如果你夸他道德高尚，学问出众，清廉自持，他一定无动于衷，不屑一顾；如果你说他才能出众，头脑聪明，手腕灵活，生财有道，脸泛红光，必定马上发财，他听了一定高兴。对官吏，你如果说他生财有道，日进斗金，他一定不高兴，你应该说他为国为民，一身清正，他听了才高兴。对于文人，你如果说他学有根底，笔上生花，思想正确，宁静淡泊，他听了一定高兴。

根据对方的职业，说恰当的恭维话，这样才显得你是一个会说话的人。生活中，我们许多人不善于恭维，常常弄巧成拙。

法国作家大仲马，一次到全国最大的书店了解售书情况。书店老板知道这个消息后，决定为著名的作家做件让他高兴的事，在所有的书架上，他只摆放大仲马的书。

当大仲马走进书店后见只有自己的书时，大吃一惊："别的书在哪里？"

"别的书？我们已经卖完了。"

显然，书店老板拍马屁拍到了马蹄上。

总之，你对人所说的恭维话，如果恰如其分，他一定十分高兴，对你产生好感。

人见人爱的赞美法

在生活中每个人都少不了要对他人进行赞美，因此，一定要掌握赞美他人的方法。只要你掌握了以下几个赞美的方法，赞美对你来说便不再是件难事。

1. 直言夸奖法

夸奖是赞美的同义词。直言表白自己对他人的羡慕，这是人们用得最多的方法。老朋友见面说："啊！你今天精神真好啊！"年轻的妻子边帮丈夫打领带边说："你今天看上去气色好多了。"一句平常的体贴话，一句发自内心的由衷赞美，会让人一天精神愉悦，信心倍增。

2. 肯定赞美法

人人都有渴望赞美的心理需求，在特定的场合更是如此。例如，在报上发表了文章，成功地完成了论文，苦心钻研多年的项目通过了鉴定等，对这些，人们都希望得到别人的肯定。这时，不失时机给予真诚的赞美会使被赞美者高兴万分。

大家都知道张海迪的故事，她曾应日本友人之邀，赴日本参加特意为她举行的演讲音乐会。在台上，她第一次用自学的日语做了自我介绍，并唱了几首她自己创作的歌。讲完之后，她是多么希望得到别人的赞许、鼓励和褒扬啊！这时，日本著名作家和翻译家秋山先生，上台来紧紧抱住她，说："讲得太好了，我们全都听懂了！"这简短的赞扬深深地打动了她，使她对自己有了一个清楚的认识，增强了自信心。

3. 意外赞美法

出乎意料的赞美，会令人惊喜。因为赞美的内容出乎对方意料，会大大引起对方的好感。卡耐基在《人性的弱点》一书中写了一个他曾经历过的故事。

一天，卡耐基去邮局寄挂号信，办事员服务质量很差，很不耐烦。当卡耐基把信件递给他称重时，说："真希望我也有你这样美丽的头发。"闻听此言，办事员惊讶地看了看卡耐基，接着脸上露出微笑，服务变得热情多了。

4. 反向赞美法

指责与挑剔，每个人都难以接受。把指责变成赞美是难以想象的，能真正做到更是不易。但世界著名企业家洛克菲勒做到了。

洛克菲勒是位很具吸引力的企业家，使许多有才能的人团结在他周围。一次，公司职员艾德华·贝佛处置工作失当，在南非做错一宗买卖，损失了一百万美元。洛克·菲勒知道后没有指责贝佛，他认为事情已经发生了，指责又有何用。于是找了些他可以称赞的事，恭贺贝佛幸而保全了他所投金额的60%。贝佛感动万分，从此更努力地为公司效力。

5. 目标赞美法

赞美别人时，为他树立一个目标，往往能让他坚定信念，为这一目标而奋斗。

足球教练文斯·伦巴迪是一位富有传奇色彩的人物。在训练队伍时，他发现一个叫杰里·克雷默的小伙子思维敏捷，球路较多，他非常看好这个小伙子。一天，他轻轻地拍了拍杰里·克雷默的肩膀说："有一天，你会成为国家足球队的最佳后卫。"克雷默后来真的成了足球队主力。他后来回忆说："伦巴迪鼓励我的那句话对我的一生产生了巨大影响。"

生活中，人们对那些喜欢说奉承话的人总是投以鄙夷的目光，其实，说奉承话无非是对他人的一种恭维，换句话说，也是对他人的一种赞美。在人与人关系之中，说奉承话自有其独特的"历史地位"。

　　说奉承话只是为了生存的一种手段，是为了达到目的的一种谋略，是搞好人际关系的一种技巧。

　　如果你有满腹经纶，而又怀才不遇，可是你又不肯或者不晓得如何说奉承话，那么，你可能就会永无出头之日，即便"伯乐"也难以发现你这匹千里马。

　　晋武帝登基时，测字摸到个"一"字，很不高兴，觉得有点太小了。侍中裴楷进言道："陛下，这个'一'摸得好，是大吉兆。因为天得一则清，地得一则宁，君王得一则天下忠。"说得晋武帝转忧为喜。而这个侍中裴楷也在新皇帝心里留下了好印象。

　　不管怎样，人总是喜欢别人奉承的。有时，即使明知对方讲的是奉承话，心中还是免不了会沾沾自喜。这是人性的弱点。换句话说，一个人受到别人的夸赞，绝不会觉得厌恶，除非对方说得太离谱了。

第四章
生活因幽默而精彩

　　生活离不开幽默，幽默又来源于生活。我们每个人既是幽默的分享者又是幽默的制造者；有时候你可能会为自己的一个"口误"或者一次"滑稽"而懊恼，没关系！因为你的"尴尬"在别人眼里或许已经成了一种幽默，会博得别人开心一笑，笑能解千愁嘛！这就是生活。

　　其实，生活中无处不孕育着幽默，只要我们稍稍留意，你就会有很多收获。

生活，就是博人一笑

幽默在生活中起着不容小觑的作用。工作时，上司可能因为你幽默风趣、头脑机敏睿智，而对你大加赞赏或提拔重用；爱情中，你所追求的异性可能因为你妙语连珠、诙谐幽默，而对你青睐有加；人际关系中，人们可能因为你大方得体的幽默口才而对你加倍称赞，从而树立起自己的威信。总之，无论在什么场合，幽默都会给你带来一次次惊喜、一份份意想不到的收获。

在实际生活中，我们知道，什么事都有一个"理"。"理"的存在为人们司空见惯，如果擅自改变事物的前后关系、因果关系、主次关系、大小关系，理就会走向歪道，有时歪得越远，谐趣越浓。

下面的例子是最好的说明。

一位乞丐常常得到一位好心青年的施舍。一天，乞丐对这个青年说："先生，我向你请教一个问题。两年前，你每次都给我十块钱，去年减为五块，现在只给我一块，这是为什么？"

青年回答："两年前我是一个单身汉，去年我结了婚，今年又添了小孩，为了家用，我只好节省自己的开支。"

乞丐严肃地说："你怎么可以拿我的钱去养活你的家人呢？"

乞丐喧宾夺主，对青年的责怪过于离谱、荒谬，令人们在吃惊之余，哑然失笑。

曾有一个叫沈保泉的大四学生，曾经在部里实习时，小伙子特别腼腆又不善言语，没等开口就先紧张了。"大家好！我叫沈保泉，沈阳的阳！保卫的卫！泉水的水！"呵呵！好嘛！经他嘴里这么一转，名字竟然成了"阳卫水"了。口误的搞笑！挺幽默！幽默是一种语言艺术。无论你是主观的故意还是无意，其结果都是令人开怀一笑，使人轻松愉快，这就是幽默的魅力，也是它的价值所在。

有位朋友曾给我讲过这样几件事。

一次我们在陵水县一家包子店吃饭，进来一位客人问店主包子是用什么馅做的："老板这是什么馅？"店主说："陵水县！"客人急了："我问你这是什么馅？""是陵水县呀！"女店主显然是很认真的。哦！你说晕不晕？

办公室小林去考驾驶证，在交通警察的监考下正通过一段公路，突然，一只鸭子从路边蹿上来，交警急忙提醒："鸭！鸭！鸭！""压？"小林犹疑地看看交警，交警更急了指着车前的鸭子叫喊："鸭！鸭！鸭！"小林一踩油门压过去了。交警愤怒地喊道："你为什么要压死它？"小林委屈地问道："您！您不是喊：压！压！压吗？"呵！看来这可怜的鸭子只能由交警去赔了。

这天小林和一位朋友去吃饭，饭局快结束时，那位朋友起身说："我走先了！"小林听成"我交钱了！"还挺高兴的。可当他起身要离开时，服务员就挡住问："先生！请问谁买单？"小林纳闷了："哎！不是刚才我那位朋友说他交钱了吗？""没有呀！刚才他说'我走先了！'普通话就是他先走了！"经服务员这么一解释小林好像有点明白了：唉！掏钱吧！

生活中的幽默取之不尽，只要我们留意，幽默就在身边；只要我们稍稍留意，你就会快乐无比。所以说，生活离不开幽默，幽默又来源于生活。我们每个人既是幽默的分享者又是幽默的制造者；有时候你可能会为自己的一个"口误"或者一次"滑稽"而懊恼，没关系！因为你的"尴尬"在别人眼里或许已经成了一种幽默，能博得别人开心一笑，笑能解千愁嘛！这就是生活。

幽默是生活的调味品

有一次，有个英国人问某位法国总统说："请问总统先生，是不是你们法国女人，比其他国家的女人更迷人呢？"法国总统说："你说得没错！我们法国女人二十岁时，美如花；三十岁时，像一首情歌；四十岁时，就更完美了！"英国人又问："那四十岁以后呢？"法国总统机智地说："我们法国女人，不论她几岁，看起来都不会超过四十岁呢！"

许多人总误以为"幽默"不过是讲几个笑话，博君一笑罢了。然而真正的幽默能启发人心，富有智慧哲理，更是生活的"调味剂"。

我们要学会从生活中寻找快乐，学会幽默，学会大度，否则生活就成了一个"大一点的牢狱"。在现实中，空间与时间制约着快乐的发生，幽默则可以通过自身的特殊作用将现实中偶然的"快乐"变成必然，因此幽默便成了我们生活中不可缺少的一份调味剂。而我们要注意的则是这份调味剂的质量和我们用它来调剂生活大餐时的用量。

生活是一份大餐，而这份大餐是否美味就取决于我们每一个人在这道菜中对幽默这种调味剂的把握了。要把握好这个调味剂，需从下面几个方面入手：

1. 随机应变

幽默不是深思熟虑的产物，而是随机应变、自然而成的结晶。幽默往往与快捷、奇巧相连。

美国前总统里根在访问加拿大的时候，遭遇过一次突如其来的混乱。当时，里根正在讲台上演讲，忽然看到下面一阵骚动，有人还举出了反美的标语。虽然这种行为很快就被维持秩序的警察制止了，但是作为主人的加拿大总理皮埃尔·特鲁多还是感到非常尴尬。

看到皮埃尔·特鲁多脸上挂着不安的笑容，里根总统在讲台上笑着说："这样的情况在美国是时常发生的，我的演讲总是可以遇到这些老朋友，我想今天的这些人或许是特意从美国赶来的，为我的演讲助兴的。"

这一番随机应变的自嘲让现场本来紧张的气氛顿时变得轻松起来，皮埃尔·特鲁多的尴尬也立刻被化解。在大家雷鸣般的掌声中，里根的演讲继续了下去。

事事都求"自然成文"为好，幽默也是如此。有准备的幽默当然能应付一些场合，但难免有人工斧凿之嫌；临场发挥的幽默才是最精粹、最具有生命力的，也是最难把握的至高境界。

2. 偷换概念

"偷换概念"之所以能造成幽默效果，是因为幽默的思维主要不是实用型的、理智型的，而是情感型的。因此，对于一般性思维来说是破坏性的东西，对于幽默来说则可能是建设性的。请看下面这样一个家教老师和一个孩子的对话：

老师："今天我们来温习昨天教的减法。比如说，如果你哥哥有五个苹果，你从他那儿拿走三个，结果怎样？"

孩子："结果嘛，结果他肯定会揍我一顿。"

从数学科学的角度来看，孩子的这种回答是十分愚蠢的，因为老师问的"结果怎样"很明显是"苹果还剩下多少"的意思，属于数量关系的范畴，可是孩子却把它转移到未经哥哥允许拿走了他的苹果的生活逻辑关系上去。不过，恰恰是因为偷换了概念才使这段对话产生了一种幽默的效果。类似的例子在生活中很常见。我们来看这样一个例子。

小明："你说踢足球和打冰球比较，哪个门好守？"

小强："要我说哪个门也没有对方的门好守。"

常理上来说，小明问的"哪个门好守"应该是指在足球和冰球的比赛中，对守门员来说本方的球门哪个更容易守，而小强的回答一下子转移到比赛中本方球门和对方球门的比较上去了。又如：

"先生，打扰您一下，请问怎样走才能去医院？"

"这很容易，只要你闭上眼睛，横穿马路，八分钟以后，你准会到的。"

概念被偷换了以后道理上讲得通，显然这种"通"不是"常理"上的通，而是另一种角度上的通，但正是这种新角度的观察，显示了说话者的机智和幽默。

通常情况下，概念被偷换得越是离谱，所引起的预期的失落、意外的震惊就越强，概念之间的差距掩盖得越是隐秘，发现越是自然，可接受的程度也就越高。

3. 抓住荒谬

当你在与人分享笑的欢乐、尤其是在取笑自己的失误和弱点时，你同时也向人们证明，不必为生活琐事上的不如意而烦恼。幽默能够帮助你和周围的人卸下心头的负担，好好地享受生活。因为，幽默能帮助你及时抓住荒谬，引来笑声。

有一户人家，一贫如洗，一小偷夜入家门，主人虽然清楚，但很坦然，随便小偷去偷。小偷摸到了米缸，脱下身上衣服去包米，主人想这是明天的饭食，不能让他偷走，于是顺手把小偷的衣服拿了过来。小偷找不着衣服，惊醒了主人的妻子，妻子告诉丈夫有小偷。丈夫说："没有贼，睡吧！"小偷抢白道："没有贼，我的衣服怎么不见了？"

这则笑话中的小偷反客为主，斥问主人，令人好笑。

听一位列车员朋友说过这样一件事。

列车员看到一位老大娘的火车票说："大娘，这是从南京到上海的车票，可我们这趟车是到北京去的。"

老太太一脸严肃地看着列车员，问道："怎么，难道就连火车司机也没发现他开的方向不对吗？"

作为乘客，只能登上符合旅游方向的车，老太太以自我为中心，认为火车走错了方向，并要求司机转向，事理荒谬而可笑。

所以说，风趣幽默是我们生活大餐中不可或缺的一剂调味品，它能舒缓我们紧绷的神经，放松我们烦躁的心情，使我们的生活变得多彩多姿。

培养你的幽默细胞

　　幽默有时让人感到神秘。有人想学，却无法学会；有人没怎么学，却脱口而出。于是，有些不够幽默的人便认为：我不幽默，是因为我没有幽默细胞。幽默细胞是什么呢？毫无疑问，用高倍显微镜来进行物理观察，我们是无法看到一种叫"幽默"的细胞的。这也许能成为幽默非天生的一个论据。下面笔者用人文的视角来分析幽默的构成。

　　只要我们留心那些幽默感十足的人，就会发现他们的心理素质一般都优于常人，而良好的心理素质也不是天生的，需要后天的锻炼和培养。以幽默口才素质和需要来说，心理素质首先需要自信。一个常常为自己的职业、容貌、服饰、年龄等因素而惴惴不安、自惭形秽的人，如何在适当的场合进行优雅的表演？

　　安徒生很俭朴，经常戴个老式的帽子在街上行走。有个过路人嘲笑他："你脑袋上边的那个玩意儿是什么？能算是帽子吗？"安徒生干净利落地回敬："你帽子下边的那个玩意儿是什么？能算是脑袋吗？"没有高度的自信，恐怕安徒生早就在他人的取笑中发窘，或者勃然大怒，哪能灵光一现，做一个绝妙的反击？

　　其次，冷静也是幽默高手的一项心理特质。冷静，是使人们的智慧保持高效和再生的条件。因为只有在头脑冷静的情况下，人们才能迅速认准并抑制引起消极心理的有关因素，同时认准和激发引起积极心理的有关因素。英国首相威尔逊在一次群众大会上演讲时，反对者在下面鼓噪，其中一人高声大骂："狗屎、垃圾！"面对听众可能产生的误解和骚动，威尔逊首相沉稳地报以宽厚的微笑，非常严肃地举起双手表示赞同，说："这位先生说得好，我们一会儿就要讨论你特别感兴趣的脏乱问题了。"捣乱分子顿时哑口无言，听众则报以热烈的掌声。

　　再者，乐观是幽默高手具有的另一个重要素质。俄国著名寓言作家克雷洛夫早年生活穷困。他住的是租来的房子，房东要他在房契上写明，一旦失火，烧了房子，他就要赔偿 15000 卢布。克雷洛夫看了租约，不动声色地在 15000 后面加了一个零。房东高兴坏了："什么，150000 卢布？""是啊！反正一样是赔不起。"克雷洛夫大笑。幽默感的内在构成，是悲感和乐感。悲感，是幽默者的现实感，就是对不协调的现实的正视。乐观，是幽默者对现实的超越感，是一种乐天感。没有幽默感的人不会积极地看待这个世界，不会乐观地看待自己的生活。当然乐观不是盲目的，而是有所依附，是一种透彻之后的豁达。乐观地看待你的生活，幽默自然而生。

　　良好的心理素质是幽默的根基，幽默的主干是广博的知识。幽默的思维经常是联想性与跳跃性很强，如果不具备广博的知识来支持，你的思维跳来跳去也就那么大的一块地方。因此，提高自己的幽默水准，需要不断地拓展知识门类和视野，提高对事物的认知能力。

　　有了根基与主干后，幽默要开花结果，还需要一些具体的枝枝叶叶。也就是说，究竟哪些话容易形成幽默，给人带来笑声呢？

　　首先，奇特的话使人开心而笑。幽默的最简单的表现方法就是令人惊奇地发笑。康德所讲的"从紧张的期待突然转化为虚无"，正是基于幽默的结构常常能造成使人出乎意外的奇因异果。例如，爸爸对儿子说："牛顿坐在苹果树下，忽然有一个苹果掉下，落在他的头上，于是，他发现了万有引力定律。牛顿是个科学家！""可是，爸爸，"儿子从书堆中站了起来，"如果牛顿也像我们这样整天放学了还坐在家里埋头看书，会有苹果掉在他头上吗？"本来爸爸是讲牛顿受苹果落地的启示，但儿子却冷不丁冒出一句含有不应该埋头读书的结论，真是出乎意外，超出常理。儿子的话在逻辑上是不合常理的，但这样的话新奇怪异，使人大大出乎意料，所以能引来别人的笑。相信故事中的爸爸在笑过之后，对于自己的教育方式会有所反思。

幽默就是要能想人之未想，才能出奇致笑。有人说："第一个把女人比喻成花的是智者，第二个把女人比喻成花的是傻瓜。"这句话似乎有点偏激，但新奇、异常的确是幽默构成的一个重要因素。

其次，巧妙的话使人会心而笑。运用幽默的核心是应该有使人赞叹不已的巧思妙想，从而产生令人欣赏的欢笑。俗话说："无巧不成书。"巧可以是客观事实上的巧合，但更多的是主观构思上的巧妙。巧是事物之间的某种联系，没有联系就谈不上巧。如果能在别人没有想到的方面发现或建立某种联系，并顺乎一定的情理，就不能不令人赏心悦目。

比如，某学生的英语读音老是不准，老师批评他说："你是怎么搞的，你怎么一点都没进步呢？我在你这个年纪时，已经读得相当准了。"学生回答："老师，我想原因一定是您的老师比我的老师读得好。"

再者，荒诞的话使人会心而笑。幽默的内容往往含有使人忍俊不禁的荒唐言行，从而使人情不自禁地发笑。俗话说："理不歪，笑不来。"荒谬的东西是人们认为明显不应该存在的东西，然而它居然展现在我们面前，不能不激起我们心灵的震荡，使我们发笑。张三的女儿周岁那天，有上门祝贺的朋友开玩笑说闺女长大了给他儿子做老婆，两家结成儿女亲家算了。指腹为亲在新时代当然已经只是一种玩笑而已，当不得半点真，张三答应下来无伤大雅，粗暴拒绝则有看不起对方之嫌。但张三居然巧妙地拒绝了，他说："不行不行，我女儿才一岁，你儿子就两岁了，整整大了一倍，将来我女儿二十岁，你儿子就四十岁了，我干吗要找个老女婿！"

　　风平浪静的水面，投进一块石头，就会一下子发出响声。常规思维的心理，被超常的信息搅扰，也会引起心波荡漾、心潮起伏、心花怒放。奇异、巧妙、荒谬就是这种超常的信息，就是幽默之所以致笑的要因，也是我们学会幽默应把握的要诀。

　　说来说去，幽默其实与人的气质培养类似，而幽默本身也是一种独特的性情气质。如果你知道一个人良好的气质该如何培养，也应该联想到一个人高超的幽默感是如何拥有的。

　　幽默是最理想的润滑剂，它能使僵滞的人际关系活跃起来。此外，幽默还是缓冲装置，可使一触即发的紧张局势顷刻间化为祥和；幽默又是一枚包裹了棉花团的针，带着温柔的嘲讽，却不伤人。

幽默表达贵在自然

随便一句普通的话也能使人感受到一股清新浓郁的幽默意味缓缓而来，幽默是一种心理体验，通过言行外化而引人发笑。我们不妨先看下面这个例子。

著名剧作家沙叶新曾任上海人民艺术剧院的院长。他的名片上面是这样写的："我，沙叶新：上海人民艺术剧院院长——暂时的；剧作家——长久的；某某主席、某某顾问、某某教授、某某理事——都是挂名的。"

沙先生不仅在社交场合很幽默，也将幽默的作风带回了家。沙先生的女儿在幽默的熏陶下，也颇为有趣。女儿在少年时就对"女大不中留"有过一番妙论："我认为'女大不中留'的意思就是……嗯……就是女儿大了，不在中国留学，要到外国去留学。"后来她果然去了美国留学。

幽默的心理体验是通过言行公之于众的，因此表达幽默有有声语言、书面语言、体态语言等手段。但不管用什么手段表达幽默，幽默的表达贵在自然，某些有做作痕迹的幽默虽然也能激起人们的兴趣，但给人留下的感觉绝不怎么好。人们会认为这些装模作样的幽默不过是在哗众取宠。因此，富有幽默感、秉持着幽默禀性对于每个人是多么重要。

有时候，我们看到一个很幽默的动作和表情，而随便一句普通的话也能使人感受到一股清新浓郁的幽默意味缓缓而来。

有一次，记者到冯巩家采访，冯巩夫妇并肩坐在长沙发上。夫人显得很文静，把说话的机会都让给了笑星。

主持人问冯巩的夫人叫什么，冯巩抢着说："她叫爱卉，换过来说就是'会爱'。"

"你儿子今天没在家，他长得像谁呀？"

"漂亮方面像我，聪明方面像她。"

笑星的应答灵活俏皮，逗人发笑。

幽默的自然性是和动作、姿态、表情的自然性融为一体的。在一次激烈的保卫战中，斯大林领导的苏联红军打退了敌人最后一次猖狂进攻。通信兵前来报告："敌人正在撤退！"

斯大林马上不假思索地纠正道："不，敌人正在逃跑！"

从斯大林那威严的表情和斩钉截铁地口吻中可以知道，他没有也无心幽默，但这两句话中关键词语的换置却传达出了丰富的幽默。

一个民族如果没有幽默感，可以说是一个没有文明、没有机智、没有活力的民族。在我国，勇敢坚强、吃苦耐劳的陕北人在生活中不乏幽默感，在他们创作的陕北民歌中亦洋溢着幽默情趣，如信天游、秧歌曲、山曲、酒曲、小调、劳动号子和酸曲等等。

陕北革命民歌中对敌人以嘲弄口吻表达鄙视情感，令闻者捧腹大笑。例如："打开甘谷驿，冲进洋教堂，洋和尚一见害了怕，跪在地上叫'干大'。"(《打甘谷驿》)。从动作和语言上对"洋和尚"（即教士）做滑稽描写，不乏嘲弄性幽默。又如："运输队长蒋介石，工作热情又积极，一天到晚做生意，给咱们送来了好武器。"(《运输队长蒋介石》)把蒋介石称作"运输队长"，"热情""积极"送来好武器，这是多么辛辣的嘲弄性幽默。

陕北民歌中，尤其是酒曲中，夫妻、情人和朋友间常以二人对歌形式一唱一和，相互逗趣，贬损，显露幽默情趣。例如："说你邋遢呀你真邋遢，头上的金丝乱如麻，娃他妈。""乱如麻呀你怕啥，你给妹妹买梳子，妹妹能梳它，娃他大……"(《夫妻逗趣》)不管是逗趣，还是贬损之词都不乏诙谐幽默情趣，双方都会笑而对答，不会耿耿于怀。

陕北民歌，对人物或事态做荒诞性夸饰，常含讽刺意味，叫人忍俊不禁，倍感幽默。例如："奴妈妈卖奴没商量，说了个秃女婿好尿床。头一夜冲倒一堵墙，第二夜推走一圈羊。"（《秃子尿床》）又如"掌柜打烂瓮，上下都能用，下边安茅坑，上边套烟洞……"（《长工苦》）前者讽刺秃女婿尿床来势凶猛，后者讽刺掌柜蛮横刁钻，调侃中尽现幽默意趣。

陕北民歌中借甲指乙，不直接点明，这种影射手法在写人状物的唱词中隐含幽默情趣。例如："走一条河又一条河，上游游来一对鹅，公鹅展翅飞过河，母鹅在后面叫哥哥，梁生哥。走一条沟又一条沟，后沟里出来一群牛，往常公牛追母牛，今日母牛戏公牛。走一个村又一个村，村口井上绞水声，只见井绳缠辘轳，哪有个辘轳缠井绳。"（《梁山伯与祝英台》）祝英台不挑明自己与梁山伯的关系而以公鹅、母鹅、公牛、母牛和井绳与辘轳间的关系比喻，暗示，有影射性幽默的艺术趣味。

陕北民歌中还有些小调专门是唱给孩子听的，如《蚂蚱蚱病死》中的情景："……蚂蚱得病突然死，萤火虫虫来照灯，跳蚤是个好脚程，请下蝼蛄看坟茔，请来粪爬牛来挖墓，请来苍蝇来念经，知了哭得眼圈圈红，一会儿埋在坟墓中。"请出一群小昆虫当演员，表演了一场陕北葬俗剧，极富童趣性幽默。

陕北民歌中有些酒曲或山曲可开启智慧，一人以急问检测另一人的急答能力，若对答失误，或无言以对都会引发旁人失笑，有智慧性幽默之艺术效果。例如："什么花开吹军号，什么花开舞大刀，什么花开红似火，什么花开节节高？""牵牛花开吹军号，扁豆花开舞大刀，石榴花开红似火，芝麻花开节节高。"（《什么花开节节高》）对答中肯，有急智，自然显示出智趣性幽默的好口才。

用幽默使爱情保鲜

锡尼·史密斯说过："婚姻就好像一把剪刀，两片刀锋不可分离，虽然作用的方向相反，但是对介入其中的东西，总是联合起来对付。"

这就是说，组成家庭的力是一种合力。当一个家庭由于爱而将要产生时，这种合力强大到足以把任何介入其中的阻力剪断。但是以后呢？妻子埋怨丈夫感情迟钝、好吃懒做；丈夫埋怨妻子只顾打扮自己，并且毫不知足，一点也不体谅做男人的苦处。这正如一则幽默小品文中的一只豪猪所被指责的那样，"你老是伤害你所爱的人。"

有的夫妻却懂得怎样去保护自己的幸福，维持婚姻中的爱情。他们以幽默来代替粗鲁无礼的语言，解决日常生活中的分歧。虽然他们也相互挑剔，也会产生纷争，但是经过由幽默产生的情感冲击之后，一切纷争都显得微不足道了。

富兰克林说："婚前要张大眼睛，婚后半闭眼睛就可以了。"婚后睁大眼睛的人，多半会抱怨自己婚前瞎了眼睛。

所以，任何一个成了家的人，不要轻易否定自己的眼力。应当试着用幽默去保护自己的家庭。如果没有根本性的、重大的分歧，幽默能使家庭生活始终处于最佳状态。

在我们周围，我们经常可以看到一些聪明的夫妇是怎样以开玩笑的方式来表达爱情的。

比如，男的说："我夫人从来不懂得钱是什么，她以为任何商品都是打五折的东西。"

女的说："所以我才会嫁给你，你的聪明也是打过折扣的。"

有一位先生对人说："我太太和我闹矛盾，她想要一件新的毛皮大衣，而我想要一部新车子。最后我们都妥协了，买一件毛皮大衣，然后把它收到车库里。"

有人当着吉姆妻子的面问吉姆："你们家里谁是一家之主?"

吉姆板着脸说："珍妮掌管孩子、狗和鹦鹉，而我为金鱼制定法律。"

那人又问吉姆："你公司里的那位秘书长得怎么样?"

吉姆仍然板着脸说："珍妮倒不在乎我的秘书长得怎么样，只要他是个男的。"

"听你的太太说，当年你刚娶她时，答应给她月亮的。"

"别提啦!"吉姆忍不住笑起来，"我是答应给她月亮的，因为那儿连一家百货公司也没有!"

试想一下，如果吉姆不能以幽默来回答这些问题，或者换上一个毫无幽默感的人来回答，结果会怎么样呢?

用幽默化解家庭"战争"

家庭之中夫妻磕磕碰碰很正常，不论是伟人还是普通人莫不如此，怨怒之中如果即兴来一两句幽默，往往会使紧张的形势急转而下。人们常说"夫妻没有隔夜的仇"，更多的时候都是这种豁达的幽默消除了隔阂。在我们现代家庭生活中，夫妻间因各样的矛盾，闹点小摩擦，吵几句嘴，发生一点小误会是难以避免的。如果我们动辄打骂，经常争吵，不但于事无补，弄不好还会扩大矛盾，增加隔阂，伤害感情。假如夫妻双方能运用一点幽默，效果恐怕就会截然不同。

遗憾的是，我们中国的大多数家庭几乎是与幽默无缘。他们化解家庭矛盾的方式，只是单一地用说好话、赔礼道歉或生闷气、找人说合，或让时光慢慢冲淡。这样古老而又落后的方法应该改变一下了。

男女朝夕相处，难免会有一些小矛盾，始终举案齐眉、相敬如宾的毕竟是少数。小吵小闹有时反会拉近夫妻间的距离，同时也能使内心的不满得以宣泄，如果再佐之以幽默、机智的调侃，无疑使夫妻双方得到一次心灵的净化，保证了家庭生活的正常运行，请看下面这几对夫妻的幽默故事。

驾车外出途中，一对夫妻吵了一架，谁都不愿意先开口说话。最后丈夫指着远处农庄中的一头驴说："你和它有亲属关系吗?"妻子答道："有的，夫妻关系。"

妻子："每次我唱歌的时候，你为什么总要到阳台上去?"

丈夫："我是想让大家都知道，不是我在打你。"

结婚多年，丈夫却时时需要提醒才能记起某些特殊的日子。在结婚三十五周年纪念日早上，坐在桌前吃早餐的妻子暗示："亲爱的，你意识到我们每天坐的这两把椅子已经用了三十五年了吗?"丈夫放下报纸盯着妻子想了一会儿说："哦，你想换一把椅子吗?"

妻子临睡前的絮絮叨叨总是令亨利十分不快。一天夜里，妻子又絮叨了一阵后，吻别亨利后又说："家里的窗门都关上了吗?"亨利回答："亲爱的，除了你的话匣子外，该关的都关了。"

以上几则故事中的夫妻幽默均恰到好处地表达了自己怨而不怒的情绪。有丈夫对妻子缺点的讽刺，也有妻子对丈夫多疑的抗议，但其幽默的答辩均不至于使对方恼羞成怒。如妻子用夫妻关系回敬丈夫也是一头驴，丈夫用巧言指责妻子絮叨，这些幽默的话语听上去自然天成，又诙谐有趣。这些矛盾同样有可能发生在我们每一个家庭之中，有时却往往因为两三句出言不逊的气话而使矛盾激化。

有这样一对夫妻，在一次争吵中，两人互相指责对方的缺点，夸耀自己能干，争论得无休无止。妻子的女高音越叫越高，丈夫听得不耐烦了，说："好，我承认，你比我强。"妻子得意地笑了，说："哪一点?"丈夫说："你的爱人比我的爱人强。"一句恰到好处的幽默，缓和了夫妻之间的紧张气氛，化解了彼此的矛盾，使对方转怒为喜，破涕为笑。

许多夫妻都有过类似的经历，无谓的争吵随时都会发生，一旦发生又会因愤怒而很快失去理智，直至闹得不可开交，甚至拳脚相加。在日常生活中，我们常看到这种情景，在公共场合彬彬有礼的谦谦男子或温柔女士，在家人面前同样也会为一些小事而大动肝火，有时即使是恩爱夫妻也不可避免，双方似乎都失去了理智，哪壶不开偏提哪壶，专揭对方的痛处短处解气，唇枪舌剑，互不相让；及至冷静下来，才发觉争吵的内容原是那样愚蠢、无聊。殊不知忍一时风平浪静，退一步海阔天空，多用幽默少动气不是一样也可占尽心理上的优势吗?

有对年轻夫妻经常吵得不可开交。太太唠叨不休，骂丈夫是一个好吃懒做、没有出息的老公，说自己是鲜花插在牛粪上。一会儿丈夫从楼梯上走下来，诙谐地向老婆说道："尊敬的夫人，牛粪到了！"丈夫的自我解嘲，使太太破涕为笑，也结束了一场战争。

夫妻生活在一起，虽有许多乐趣、幸福，但也有许多难过和辛酸。愿天下的有情人，愿世间的夫妻们都能用幽默的"消火栓"，化解生活中的硝烟与战火。

"曲解"何妨"故意"

某人在一次宴席上问鲁迅："先生，您为什么鼻子塌？"

鲁迅笑着回答他说："碰壁碰的。"

这句话里，既有对社会现实的不满，又有对自己生活坎坷经历的嘲讽，这样丰富的具有社会意义的内容与"塌鼻梁"这样一个具有丑的因素的自然生理特征结合在一起，便产生了无法言喻的幽默感。

在一次野外夏令营活动中，一位姑娘想把一只癞蛤蟆赶出营地，以免她的猫去咬它。她不断地向它跺脚，癞蛤蟆就接连向后跳。这时，旁边有人大声说："小姐，你就是抓住它，它也永远不会变成白马王子的。"小姐跺脚，意味着要赶走癞蛤蟆，但大家都知道童话中青蛙变王子的故事，所以也可以荒诞地用来意味她想抓住它，好使它变成英俊的白马王子。这一曲误的理解，确实挺有意思。

运用这种方式开玩笑，可以令生活其乐无穷。

一个人低头看地，可能是在寻找东西，也可能是头疼难忍；一个人抬头望天，可能是鼻子出血，也可能是在数星星。当我们看到事物不同的表现形式时，要调查清楚，了解其实质。如果想当然，按既定经验判断，就会导致错误；当然，如果故意别解和误解，就产生了幽默，令生活倍增快乐。

一列新兵正在操练，排长大声叫着："向右转！向左转！齐步走！……"

一个新兵实在忍不住了，向排长问道："你这样打不定主意，将来怎么能带兵打仗？"

明显，这个新兵是在故意别解，才会产生如此有意思的局面，排长不但没有责怪新兵，还忍不住笑出声来。

曾有一位女教师在课堂里提问："'不自由，毋宁死！'这句话是谁说的？"

有人用不熟练的英语回答："1775年，巴特里克·亨利说的。"

"对，同学们，刚才回答的是日本学生，你们生长在美国却不知道。"

这时，从教室后面传来喊叫："把日本人干掉！"

女教师气得满脸通红，大声喝问："谁？这话是谁说的？"

沉默了一会儿，教室的一角有人答道："1945年，杜鲁门总统说的。"

如此饶有风趣的回答，这位女教师还会"气得满脸通红"吗？

一位来自新加坡的老太太在游武夷山时，不小心被蒺藜划破了裙子，顿时游兴大减，中途欲返。这时导游小姐走近老人，微笑着说："这是武夷山对您有情啊！它想拽住您，不让您匆匆地离去，好请您多看几眼。"

短短的几句话，就像和煦的春风，把老人心中的不快吹得无影无踪了。

在日常生活中，一本正经地从事实出发，从常理出发，从科学出发，是找不到幽默感觉的，如果以一种轻松调侃的态度，将毫不沾边的东西捏在一起，在这种因果关系的错误与情感和逻辑的矛盾中，才可产生幽默。因此，我们常常能看到一些人，用这种"故意曲解"的方式来消除烦恼，去掉难堪，表达着乐观与博大。

巧用幽默表达不满

　　如果你在餐厅点了一杯啤酒，却赫然发现啤酒中有一只苍蝇，你会怎么办？在你回答之前，让我们看看别人是怎么办的。英国人会以绅士的态度吩咐侍者："请换一杯啤酒，谢谢！"西班牙人不去喝它，留下钞票后不声不响地离开餐厅。日本人令侍者去叫餐厅经理来训斥一番："你们就是这样做生意的吗？"沙特阿拉伯人则会把侍者叫来，把啤酒递给他，然后说："我请你喝杯啤酒。"德国人会拍下照片，并将苍蝇委托权威机构做细菌化验，以决定是否将餐馆主人告上法庭。美国人则会向侍者说："以后请将啤酒和苍蝇分别放置，由喜欢苍蝇的客人自行将苍蝇放进啤酒里，你觉得怎么样？"美国人的这种处理方式既幽默，又能达到让人接受的目的。

　　一位顾客在某餐馆就餐。他发现服务员送来的一盘鸡居然缺了两只大腿。他马上问道："上帝！这只鸡连腿也没有，怎么能跑到这儿来呢？"

　　一位车技不高的小伙子，骑单车时见前边有个过马路的人，连声喊道："别动！别动！"

　　那人站住了，但还是被骑车的小伙子撞倒了。

　　小伙子扶起不幸的人，连连道歉。那人却幽默地说："原来你刚才叫我别动是为了瞄准呀！"

　　幽默并不是回避、无视生活中出现的矛盾，而是以幽默的方式展示一种温和的批评。设身处地地想想，在餐厅点的啤酒里有苍蝇，要的鸡缺鸡腿，走路无辜被骑车人撞倒，你还有心思开玩笑吗？

　　这修养，不知要多少年的火候才能修炼出来。由于有了幽默、洒脱的态度，生活中许多尖锐的矛盾，并不需要大动干戈就能得到解决。

星期一早上，晓娟又迟到了。她的经理问她："晓娟，星期天晚上有空吗？"

"当然有，经理！"晓娟以为经理约她吃饭，高兴地回答。

"那就请你早点睡觉，省得每个星期一早上上班迟到！"

晓娟听了脸立刻就红了，从那以后她就再也没有迟到过了。

迟到虽然影响工作，但是毕竟不是不可原谅的错误，如果经理当时直接批评晓娟，虽然短期内可以改善晓娟迟到的情况，但并不见得会让她心服口服。换了一种幽默的方法，结果就不一样了。幽默是一种可以表达不满的有力武器，但是这种武器不至于会让人满身伤痕，幽默的语言是一种运用幽默感来增进你与他人关系的艺术，要我们学会以善意的微笑代替抱怨，使生活变得更有意义。有这样一则小幽默：在饭店，一位喜欢挑剔的女人点了一份煎鸡蛋。她对女侍者说："蛋白要全熟，但蛋黄要全生，必须还能流动。不要用太多的油去煎，盐要少放，加点胡椒。还有，一定要是一个乡下快活的母鸡生的新鲜蛋。"

"请问，"女侍者温柔地说，"那母鸡的名字叫阿珍，可合您心意？"在这则小幽默中，女侍者就是使用的幽默提醒的技巧。面对爱挑剔的女顾客，女侍者没有直接表达对对方所提苛刻要求的不满，却是按照对方的思路，提出一个更为荒唐可笑的问题以提醒对方：你的要求不要太过分了。

调侃让话题更有趣

学会调侃，不仅可以营造愉悦的社交氛围，把严肃的谈话变得活泼轻松，使枯燥的话题富有情趣，也增加了彼此之间的亲和力和认同感，从而一扫精神上的羁束紧张，减轻了生活的压力，有益于身心健康。

调侃并非无聊的戏谑、矫情的卖弄，不是刻意地制造一些令人生厌的庸俗笑料，它有别具一格的语言特色，它能让诙谐、幽默、妙趣横生的话题更有趣味。高明的调侃并不容易，需要常识，需要涵养，需要语言功底，需要独到的见解和有创意的思维，需要广博的阅历和丰厚的生活积淀。

在生活中，如能换一种心态，调侃一下生活，生活就会变得很快乐，每天都能呼吸到新鲜的空气。会调侃的人还懂得如何给生活添加作料，受到不公平待遇也能泰然处之，即使心情郁闷，也能通过开玩笑的方式给别人传达某种信息。

在网络上，有人这样去调侃。

漂亮点吧，太惹眼，不漂亮吧，拿不出手；学问高了，没人敢娶，学问低了，没人要；活泼点吧，说招蜂引蝶，矜持点吧，说装腔作势；会打扮，说是妖精，不会打扮，说没女人味；自己挣钱吧，男人望而却步，男人养吧，说傍大款；生孩子，怕被老板炒鱿鱼，不生孩子，怕被老公炒鱿鱼。唉，这年月做女人真难，所以要对男人下手狠点。

帅点吧，太抢手，不帅吧，拿不出手；活泼点吧，说你太油，不出声，内向点吧，说你太闷；穿西装吧，说你太严肃，穿随便一点吧，说你乡巴佬；会挣钱吧，怕你包二奶，不挣钱吧，又怕孩子断奶；结婚吧，怕自己后悔，不结婚吧，怕她后悔；要个孩子吧，怕没钱养，不要孩子吧，怕老了没人养。这年头做女人难，做男人更难。男人，就要对自己好一点！

这是一种快乐的调侃，虽然没有太多深刻的含义，但调侃终归是调侃，有点道理，有点情趣，能博人一笑就行了，因为生活需要这样的快乐。

在人际交往中，如果能调侃一下自己和别人，不但能增加谈话当趣味，还能获得一份好心情，我们看这个例子。

在小区活动室玩牌的老张好久都没出现了。今天来，牌友老刘就问："老张啊，怎么这几天都没看见你啊？"

老张装出一本正经的样子说："别提了，我被'双规'了！"

老刘吓了一跳，忙问："啊？贪污了？不会吧！"

老张这才嘿嘿笑道："哈哈，我儿子、儿媳妇找我谈话喽，宣布我必须在规定时间、规定地点接送小孙子上幼儿园。"

说到这里，众人才恍然大悟，气氛一下子变得轻松融洽。

调侃不仅能增加谈话的趣味，还能避开一些敏感的话题和一些不能正面回答的问题。在调侃中，你转移了别人对某个问题的关注，让紧张的气氛变得轻松。

我们再看这个例子。

冬冬在路上邂逅多年未见的女同学，对方激动得手舞足蹈，这一情景被冬冬的女朋友看在眼里，心里很不是滋味。事后，女朋友就问冬冬那个女同学是他以前的恋人吗，冬冬一脸无辜地解释说："老婆大人，小的冤枉啊！我素来都有惧内的优良传统，从来都是你指东我不敢往西，哪敢做出有违圣旨的事啊？再说我这种一不高、二不帅、外加一个空口袋的人，她怎么会看上我呢？也就你看我一个人孤苦伶仃怪可怜的，出于人道主义收留我，我感恩戴德还来不及呢！"

　　冬冬的调侃让女朋友笑开了怀，使劲捶了他一拳说："哼，叫你贫嘴！疼不疼？"

　　冬冬就接着说："痛并快乐着。这就叫执子之耳，与子偕老！"

　　面对女友的怀疑，冬冬用诙谐的语言调侃自己，成功转移了话题，还博得了女友的欢心，两人关系更加亲密和谐。所以说，严肃的事轻松表达，伤心的事玩笑表达，别人也会从你的调侃中感受到你深深的智慧。

　　此外，"篡改"一些脍炙人口的经典语句，让人乍听起来感觉熟悉但是细听才发现意思不同，也会起到很好的调侃效果。一些经典名句、俗语、歌词、广告，等等，是这种借鉴式调侃的最佳原料，比如：

　　钱不是问题，问题是没有钱；

　　钻石恒久远，一颗就破产；

　　水能载舟，亦能煮粥；

　　一山不能容二虎，除非一公和一母；

　　这个世界本没有路，走的人多了，有路也没有用了；

　　丑媳妇迟早见上帝；

　　洛阳亲友如相问，一手好牌愣没胡；

　　众里寻他千百度，蓦然回首，那人却在，结婚登记处；

　　喝八宝粥，吃八宝饭，品八宝茶，睡八宝山；

　　思想有多远，你就给我滚多远。

　　适当调侃能增强谈话的趣味，能巧妙转移话题。但调侃也不能过度，否则也会引发别人的怀疑，以为你不尊重他，在嘲笑他。因此，调侃要看时间、地点、对象，说话要分轻重，这样调侃才能为你的口才增添光彩。

第五章
幽默让工作更顺利

世界卫生组织称工作压力是"世界范围的流行病"，过度的工作压力会引起焦虑、沮丧、易怒等不良情绪，造成各种生理上的疾病，如心血管疾病、头痛，或造成工作事故等。

对于工作压力，我们一方面要尽量避免；另一方面要学会自我调节。从现在起，学会用幽默缓解工作压力，学会用幽默自我安慰，使身心得到放松，重新以饱满的热情和积极的心态投入工作。

用幽默叩开职场的门

幽默的形成需要一种品质，即开朗乐观的人格。需要智慧，没有机智的幽默是盲人说瞎话，和尚念佛经，整个世界将黯然失色。机智的幽默，嬉笑怒骂，皆成文章，令幽默鞭辟入里，浑然天成。

时下，随着我国市场经济体制的建立，"自谋生路"的就业方式给求职者带来挑战。甚至在过去被称为"天之骄子"的大学生想找一份好工作也不容易。当然，要谋到一个称心如意的职位，首先还要靠自身素质，但是其他因素也将对求职者的前途造成很大影响。比如在面试过程中，运用幽默技巧就有助于取得成功。

请看下面这个例子。

一位刚毕业的大学生在应聘一个工作职位时，要接受一项测验。当他做到其中一题——"cryogenics"是什么意思时，他停下来苦思。最后，这位大学生写下了他的答案："这个字的意思是我最好到别处去工作。"结果，他取得了成功。

富有创意的思想加上幽默的力量，往往能使应聘者被认可。创造力，加上幽默力量的推动，能帮助我们更有弹性地去处理事情。其实创造力能激发一个人在他生活和事业各方面的成就。我们可以运用富有创意的方式来达到某种目的，用它来寻求答案，有时要凭借幻想来发现，在大脑里设想："如果我这样做的话，会怎么样？"

在美国，也有求职者利用幽默机智取得成功的故事。

美国中央情报局需要一个高级特工，前来应聘者需要经受一系列的考验。经过层层筛选，最后剩下了两男一女三名人选。马上就要进行最终考验以确定谁将获得这个高级职位。

主考官将第一名男子带到一扇铁门前，交给他一把枪，说道：

"我们必须确信你能在任何情形下服从命令。你的妻子就坐在里面，进去用这把枪杀死她。"这名男子满脸惊恐地问道："你不会是当真的吧？我怎么能杀自己的妻子啊！"于是他落选了。

接着是第二位男子，主考官交给了他同样的任务之后，他先是一惊，不过还是接过枪进了门。

五分钟过去了，没有一点动静，然后门开了，这名男子满脸泪水地走了出来，对主考官说："我想下手，但无法扣动扳机。"自然，他也落选了。

最后轮到那位女子。当她被告知里面坐着她丈夫，她必须杀死他时，这位女子毫不犹豫地接过了枪，走进门去。门还没关严，就传来了枪声。

连续十三声枪响之后，又传来了尖叫声和椅子的碰撞声。几分钟后，一切又归于平静。

门开了，女子走了出来，擦了擦额上的汗水，生气地对考官说道："你们这些家伙，竟然不告诉我枪里装的都是空弹，害得我只好用椅子把他砸死了。"最终该女子入选。

这个故事说明无论参加何种面试，只要勇敢镇静，诙谐风趣，巧妙地、适时地、适当地转换话题，并且妙语连珠，谈吐不凡，便可取到立竿见影的效果。

上司面前，别一笑而过

要消除与上司的距离感首先一定要把工作干好了，甚至做得十全十美，不要让上司感觉你是个没用的人，其次你可以用点小恩小惠，买点下午茶孝敬上司。大多上司都是有文化之人，要是想拉近语言间的距离，你在语言的技巧上要下些功夫，一般说来，幽默语言的效果应该不错。

职员："经理，您实在是爱好工作的人！"

经理："我正在玩味这句话的含意。"

职员："因为您一直都紧紧地盯着我们，看我们是不是正在工作。"

职员通过开经理的玩笑，拉进了同经理之间的距离，何况经理也是一个幽默的人。与上司开玩笑还要注意把握好时机。最好时刻留意能够和上司面对面谈些风流俏皮话的时机，比如两人并列在一起方便或洗手时更加机不可失。同时，那种时候也是你们日后能够说悄悄话，当上司心腹的大好时机。另外，幽默地"冒犯"上司也是拉近双方距离的好办法。

美国总统柯立芝就曾因为自己的沉默和严谨而被人用幽默的方式"冒犯"过。有一次他去华盛顿国家剧院观看戏剧演出。当看了一半的时候，他就有些瞌睡了。演员马克停下歌唱，走到前面，朝总统喊道："喂，总统先生。是不是到了您睡觉的时间了？"总统睁开眼睛，四下里望望，意识到这话是冲着自己来的。他站起来，微笑着说："不。因为我知道今天要来看您的演出，所以一夜没睡好，请继续唱下去。"

这幽默的对话，表现了演员的直言不讳和幽默，也表现了柯立芝总统所具有的幽默感。演员根本没有开罪总统，相反，倒成了总统的好朋友。由此可见：以下犯上的幽默使用得适时适度，往往能够拉近与上司的距离，赢得上司的理解和信任。在使用这种以下犯上幽默技巧时，利用贬谪，再以下一阶段的奉承做鲜明的呼应，即可使其效果倍增。

"经理，你对酒家那个女孩太过分了吧！真是太过分了！让那种女孩子眼泪汪汪的，真是男人的奇耻大辱啊！不过，您也实在厉害呀！经理。"

这表面上虽是一句贬谪的话语，但实际上却是赞赏的好话："经理实在是个高手呀！"这就是明贬暗褒的奉承话。

比尔在一家大公司工作，他常常在工作时间去理发店。一天，比尔正在理发，碰巧遇见了公司经理。他想躲，可经理就坐在他的邻座上，而且已经认出了他。

"好啊，比尔，你竟然在工作时间来理发，这是违反公司规定的。"

"是的，先生，我是在理发。"他镇定自若地承认："可是你知道，我的头发是在工作时间长的呀。"

经理一听，勃然大怒："不完全是，有些是在你自己的时间里长的。"

"是的，先生，您说得完全正确。"比尔答道："可我并没有把头发全部剃掉呀！"

不论其行为正确与否，单就这幽默的对答就体现出员工的信心与机智，他相信，与自己的老板开个玩笑是在当时情况下最好的处理方式，姑且不论老板听完一席话之后是否欣赏他的聪慧与口才进而提拔他，有幽默感的人都能化怒为趣。

幽默确实可以帮助我们拉进与上司的距离。不过生活中任何事情都不是绝对的，与上司之距离的远近也同样如此，这种距离不可太远也不可太近。如果一个人不认认真真地做好本职工作，成天围着上司转，说好话、空话，刻意拉近关系；或整天坐在那里等着上司安排工作，像个提线木偶一样，上司拽一下，你才动一动，无形中疏远了上司，都是不可取的。

幽默会增加你的亲和力

上司与下属的关系，首先是一种领导与被领导的关系，但是除此之外，双方还应该建立友好合作的关系。作为一个下属，在恰当的时间、场合，和上司开一个富有幽默情趣的玩笑，在搞好同上司的关系方面，可以收到非常好的效果。

不过，俗话说：伴君如伴虎。在个人关系上还需要主动与上司保持合适的距离，距离太远了不好，距离太近了也可能会很糟。

其实，让老板笑口常开不仅仅是找到工作之后的事情，在找工作的过程中，求职者就可以运用幽默的力量逗得老板开口大笑。

找到一份称心如意的工作，是求职者最大的心愿，但求职不易，有时我们在苛刻挑剔的雇主面前一筹莫展。这时，何不借助幽默的魅力让面试你的老板笑一笑，这对你取得面试的成功必然会有助益。

一个人在外面找工作，他来到麦当劳。老板问他会做什么，他说我什么都不会，不过我会唱歌。老板说你就唱一首试试，于是他就开始唱了："更多选择更多欢笑就在麦当劳……"老板一听就乐了，接着问了他一些对麦当劳有什么了解之类的问题，最后，他被顺利录用了。

上面的例子中，求职者在面试中借助了幽默的力量，他首先就以唱歌的方式说出了麦当劳的广告语，表明了自己对麦当劳是很关注的，也有一定的了解。他在博得老板一笑的同时，获得了老板的好感。

工作太累的时候，人的工作效率难免会下降，这时候如果被老板看见了，怀疑你偷懒，你该怎么办呢？

有一个建筑工人在工地里搬运东西，因为太累了，动作有些迟缓。工头以批评的口吻对他说："你做事慢，走路慢，脑子转得也慢，真想不通你究竟做什么快？"工人想了想说："我累得快！"工头被他逗笑了。

工人以幽默的口气为自己的行为辩解，老板即使会批评他，也会比较随和，责罚也会比较轻。假如你对装疯卖傻的演技颇有心得，不妨也在对您颇有微词的老板面前，以若无其事的态度告诉他下面的小笑话，且看他的反应又如何呢。

"幸好我已经娶老婆了。"当然，你的老板无法了解你这一句话的意思，必定会一副茫茫然的样子，莫名其妙地看着你！就在这时候，你可以不声不响像自言自语地对自己说："所以我现在才习惯别人对我的唠叨……"

如果你能够微笑着说的话，你的老板也必会露出会心一笑！而就在你表现出沉着的大家风范，且老板又似乎对你放松敌意时，就正好有机会使他改变对你以往的错误印象。

让你的老板笑口常开，你的工作就能进行得更加顺利。

同事相处，要以幽默开道

你一天中大半的时间都在和同事相处，与同事处得怎么样，关系到你的工作效率和人际关系的和睦。如果同事之间关系融洽，能使人心情愉快，有利于工作的顺利进行；同事之间关系紧张，经常互相拆台，发生矛盾，就会影响正常的工作。

而幽默就能帮助你在工作上与同事建立融洽的关系。你与同事分享快乐，就能使自己成为一个被大家喜欢和信赖的人，在这样的氛围里，你的工作效率会大大提高。甚至当你和同事发生摩擦时，幽默也能发挥"调节"作用。

我们看这个例子。

张铭是某公司的部门经理。作为经理，他常常思考的问题是："我这部门里的人真正喜欢我吗？"

事实上，他是一个很受欢迎的经理，为什么呢？因为他在与同事的相处中，经常会使用幽默。看了下面这个小事，你就明白了：

一次，张铭在去开一项业务会议回来后，发现他属下的职员们聚在办公桌旁，哼唱着韩德尔的神曲《弥赛亚》中的一段大合唱。由于张铭的出现使得大家匆忙奔回到自己的位置，开始一本正经地工作。

张铭没有生气，也没有大声指责员工，只是说："我想你们并不精于此道，还需要在下班的时候再练练啊！"

张铭带有幽默式的批评，下属们都以微笑来接受张铭含蓄的批评。他以开玩笑的方式责备员工的偷懒，既让员工开心一笑，也督促他们以后不可以再这样做了。

其实，这个世界上没有谁是十全十美的，同事身上有这样或那样的毛病，这是很正常的，因为你本身或许也有着很多毛病。在公司里，你不能对自己的同事有太高的期望，因为大家毕竟都是凡人；如果你在同事身上看到阳光的一面，那在他身上或许也存在了阴暗的一面。如果你两眼只盯着同事的阴暗面，同事的优点就会你忽略。所以，对人要宽容一些，要学会用幽默的态度去处理同事关系。

我们再看这个例子。

某公司有一个叫张东的销售员，他年轻时候长过很多青春痘，满脸都是疤痕。一日，某个职员神秘地对另一个职员说："嘿，看张图片——你猜是谁？"

众人都挤过来看，那图片看上去就像一张橘子皮。这时其中的一个人喊："你拿张东的照片干吗？"

大家笑得肚子疼，就这样，"橘子皮先生"就成了张东公开的绰号。张东本人感到十分委屈，也很恼火。总经理看不下去了，就对大家说："我知道大家最近都说张东是'橘子皮'。但就算真像也不能这么说啊，太不照顾同事的情绪了。我宣布，你们以后再说起他的长相时只可以说：张东，咳咳！他长得很提神。"

经理说完，同事们都被逗乐了，也同时认识到了自己的错误。从那之后，再也没有人说张东"橘子皮先生"了，而是和他开善意的玩笑。

其实，真正具有幽默感的人能看到同事的优点，而不是紧盯同事的错误和缺点。因此，应该敞开胸怀，去了解、接受同事的小错误，增进彼此的工作关系。

幽默是最好的润滑剂

同事是自己工作上的伙伴，与同事相处得如何，直接关系到能否把工作做好。同事之间关系融洽，能使人们心情愉快，有利于工作的顺利进行；同事之间关系紧张，经常互相拆台，发生矛盾，就会影响正常的工作，阻碍事业的发展。

幽默的力量能帮助你在工作上与同事建立融洽的关系。与同事分享快乐，你就能成为一个被同事喜欢和信赖的人，他们会愿意帮助你实现工作目标。甚至当你和同事的志趣并不相同时，快乐和笑的分享也能令同事感受到心灵的默契。

首先要建立办公室里好人缘。

幽默是一种最生动的语言表达手法，与幽默的人相处，谈话是一件非常有趣的事。在工作中遇到难题，如果这时以幽默调节，事情就能很快得以解决。如果你需要幽默力量来改善同事们的工作态度，你可以利用幽默的妙语来表明你的观点。

陈鹏在一个会计部门任职员。有一次发薪水的时候，他竟然收到了一个空的薪水袋。他没有气得暴跳如雷，也没有破口大骂。他只是去问发薪部门的人说："怎么回事？难道说我的薪水扣除，竟然达到了一整个月的薪水了吗？"当然，陈鹏得到了补发的薪水。

陈鹏对同事偶犯的错误持一种宽容的态度，而不把它看成一件了不得的事情，批评谩骂同事的愚蠢。他以自己的幽默与同事分享了轻松愉快的处理结果。这也正是不为所动、泰然处之的幽默所要收取到的效果。

我们如果不能领略到别人的幽默对自己的裨益，也就不太可能以自己的幽默来激励别人。为了表现我们重视别人所带来的好处，应该时时保持乐观的态度，同别人一起欢乐。

一位男士对即将结婚的女同事打趣地说："你真是舍近求远。公司里有我这样的人才，你竟然没发现！"她的女同事开心地笑了。

对上面这位男士的玩笑，女同事没有说他轻浮，反而感激他的友谊和欣赏。笑的热流流淌在两性之间，总是使人觉得弥足珍贵。当同事期望太多、要求太多之时，我们还是可以用幽默表达我们不同的意见。

有一位电影明星向著名导演希区柯克唠叨摄影机的角度问题。她一次又一次地告诉他，务必从她"最好的一边"来拍摄。"抱歉，做不到，"希区柯克说，"我们没法拍你最好的一边，因为你正把它压在椅子上。"

使用幽默语言的人，大都有温文尔雅的语气、亲切温和的处事态度。这样的幽默才使人感到轻松自然。

如果你已经利用幽默力量来帮助你取得成功，你也就能对挫折一笑置之，坦然开同事的玩笑，并且关心他们，更重要的是以轻松的心情面对自己，而以严肃的态度面对自己的新角色。

其次要看到同事的优点。

过去人们常说仆人眼中无伟人，同样，在同事眼里也无完人。你的同事身上是有这样或那样的毛病，这很正常，就像在你自己身上也有这样或那样的毛病一样；在现代职场上，你不能对自己的同事有太高的期望，因为大家毕竟都是凡人；如果你在同事身上看到阳光的一面，那在他身上必然会有阴暗的一面。相反，如果你不幸地看到了同事身上的阴暗面，那也并不代表他们没有阳光的一面。所以，你对人要宽容一些，要学会接受期待与现实之间的落差。

不过，还是有很多人只是看到同事身上的小缺点，而对同事的优点视而不见。下面这种抓住同事的缺点进行讽刺挖苦的做法就要不得。

张经理中年谢顶，在一次重要酒会上，他所宴请的客户方的一个小伙子在敬酒时不小心洒了一点啤酒在张经理头上，张经理望着惊慌的小伙子，用手拍了拍对方的肩膀说："小老弟，用啤酒治疗谢顶的方子我实验过很多次了，没有书上说的那么有效，不过我还是要谢谢你的提醒。"

全场顿时爆发出了笑声，人们紧绷的心弦松下来了，张经理也因他的大度和幽默而颇得客户方的赞许。张经理用他的幽默，巧妙地处理了宴会中的杂音，完成了既定的目标。

通常，这种难看到同事优点的人在工作上不会十分顺利。在职场上做一个对同事宽宏大量的人，即使同事的身上有这样或那样的缺点和毛病，毕竟这些缺点和毛病，并不会对公司的利益和你个人的发展构成威胁。如果你善于体谅和宽容的话，那么，你就会看到同事身上的优点比缺点多得多，你也就能与同事更好地相处，你的工作就会轻松得多；然而，现实中同事之间总有许多矛盾发生，这多是一些人宽于律己、严以待人造成的。

宽容的好处还在于它会使别人喜欢接近你，从而使你在以后的竞争中得到史多的支持。公司是一个讲究团队合作精神的地方，你必须有全局意识。如果你遇事不够宽容，那给人的感觉就是你是一个目光短浅和心胸狭窄的人。这种只看重眼前利益的人在现代职场上不会有什么作为。

最后一点，要委婉表达对同事的意见。

在工作中，同事之间容易发生争执，有时搞得不欢而散甚至使双方结下芥蒂。发生了冲突或争吵之后，无论怎样妥善地处理，总会在心理、感情上蒙上一层阴影，为日后的相处带来障碍，最好的办法还是尽量避免它。我们可以委婉表达对同事的意见，运用幽默的力量避免与同事"交火"。

有一家公司的餐饮部，伙食很差，收费却很贵，职员们经常抱怨吃得不好，甚至还骂餐厅负责人。有一回，一位职员买了一份菜后叫起来。他用手指捏着一条鱼的尾巴，从盘中提起来，向餐厅负责人喊道："喂，你过来问问这条鱼吧，它的肉上哪儿去啦?!"

当我们对同事所做的事情有不同意见时，我们可以用开玩笑的方式轻松、坦诚地进行表达，这样既能使同事认识到他们的错误，而又不至于伤害同事之间的感情。中国人常用这么一句话来排解争吵者之间的过激情绪：有话好好说，这是很有道理的。据心理学家分析，措辞过于激烈武断是同事之间发生争吵的重要原因之一，因此，我们在对同事的某些做法不满时，要善于克制自己，委婉地表达自己的意见。

你对同事说："唉！我看得出你知道办好事情的秘诀。而且你也知道如何守秘不宣。"

你的同事对你说："谢谢你把你的一点想法告诉我。我很感激——尤其是当你的业绩如此低落之时。"

如果你面对的是一位不合作的同事，首先要冷静，不要让自己也成为一个不能合作的人。宽容忍让可能会令你一时觉得委屈，但这不仅表现你的修养，也能使对方在你的冷静态度下平静下来。心胸开阔是非常重要的。任何人都会出现失误和过错，对别人无意间造成的过错应充分谅解，不必计较无关大局的小事情。同事之间有了不同的看法，最好以商量的口气提出自己的意见和建议，语言得体是十分重要的。应该尽量避免用"你从来也不怎么样……""你总是弄不好……""你根本不懂"这类绝对否定别人的措辞。而对同事的错误采用幽默的方式来指出，不但具有幽默的意境，而且会在气氛和谐中收到事半功倍之效。

幽默的语言能使同事在笑声中思考，而嘲笑却使人感到含有恶意，这是很伤人的。真诚、坦白地说明自己的想法和要求，让同事觉得你是希望得到合作而不是在挑他的毛病。同时，要学会聆听，耐心、留神听同事的意见，从中发现合理的部分并及时给予赞扬或表示同意。这不仅能使同事产生积极的心态，也给自己带来思考的机会。如果双方个性修养、思想水平及文化修养都比较高的话，做到这些并非难事。

幽默让你赢得下属的尊敬

先进的管理理念并不提倡领导者以高姿态面对下属。如果领导者与下属建立一种互相信任、互相尊重的伙伴关系，双方产生矛盾的机会就比较小，即使产生矛盾也比较容易解决。这样，作为一个领导者，你会发现很多事即使不亲力亲为，也能做好工作，因为你不是一个人在作战，所以你不会很辛苦。领导者要平等地对待下属，克服因权力、地位的不同造成的偏见，对员工关心爱护、幽默和蔼，与下属打成一片，缩短与下属心理和情感上的距离，这样可以产生更强的亲和力，更容易获得下属的尊敬与认同。

第二次世界大战胜利前夕的一次主攻战役期间，美国将领艾森豪威尔在莱茵河畔散步，这时有一个神情沮丧的士兵迎面走来。士兵见到将军，一时紧张得不知所措。艾森豪威尔笑容可掬地问他：

"你的感觉怎样，孩子？"

士兵直言相告："将军，我特别紧张。"

"哦，"艾森豪威尔说，"那我们可是一对了，我也同样如此。"

几句话便使那个士兵放松下来，很自然地同将军聊起天来。

将军的幽默构筑了将士间亲密无间、融洽轻松的气氛。有这样的领导在前，属下将士谁不愿赴汤蹈火，拼死疆场呢！

富有幽默感并且善于运用的人，他的工作将是一帆风顺的。有一位大校到某连蹲点，一名士兵见他长得又胖又矮，便冒冒失失地说：

"首长，你又胖又矮，我们这些士兵谁不能同你比个高低？"

这话带有一点挖苦意味，可大校笑呵呵地说：

"你们这些小鬼还要同我比高低，我不怕，但必须是躺着比!"

这位大校的机智与幽默在士兵中留下了可亲可敬的印象，为以后工作的开展奠定了良好的基础。

面对个别桀骜不驯的下属，领导者不能强行使其就范，宽厚豁达的胸怀及幽默自信的态度才能使之服从。

20 世纪 50 年代初，杜鲁门总统会见麦克阿瑟将军。麦克阿瑟自恃战功赫赫，在他面前表现得很傲慢。会见中，麦克阿瑟拿出烟斗，装上烟丝，把烟头叼在嘴里，取出火柴，当他准备点燃火柴时，才停下来，转过头看看总统，问道：

"我抽烟，你不介意吧?"

显然，这不是真心征求意见，但如果阻止他，就显得粗鲁。

杜鲁门看了一眼麦克阿瑟将军，说：

"抽吧，将军，别人喷到我脸上的烟雾，要比喷在任何一个美国人脸上的都多。"

这句话软中带硬，委婉地指出了麦克阿瑟的无礼，难堪的应该是麦克阿瑟了。

作为领导，当你运用幽默力量去管理下属时，你会发现不仅更容易将责任托付给人，而且能更自由地发挥下属创意的进取精神。幽默力量能改善你的将来——因为你的属下或同事会认同你，感谢你坦诚相待的品格，以及分享笑声、轻松面对自己的能力。

美国前总统柯立芝有一位漂亮的女秘书，人虽长得不错，但工作中却常粗心出错。一天早晨，柯立芝看见秘书走进办公室，便对她说："今天你穿的这身衣服真漂亮，正适合你这样年轻漂亮的小姐。"

这几句话出自柯立芝口中，简直让秘书受宠若惊。柯立芝接着说："但也不要骄傲，我相信你的公文处理也能和你一样漂亮的。"果然从那天起，女秘书在公文上很少出错了。

后来，一位朋友知道了这件事，就问柯立芝："这个方法很妙，你是怎么想出来的？"柯立芝得意扬扬地说："这很简单，你看见过理发师给人刮胡子吗？要先给人涂肥皂水，为什么呀，就是为了刮起来使人不痛。"对下属进行人性化的管理，你将会受益无穷。

回击敌意时，不妨幽他一默

做人要力避树敌，但一个有才能的人是避免不了有或多或少的反对者。正所谓"木秀于林，风必摧之"。如何面对反对者充满敌意的进攻？有一次，温斯顿·丘吉尔的政治对手阿斯特夫人对他说："温斯顿，如果你是我丈夫，我会把毒药放进你的咖啡里。"

丘吉尔哈哈一笑之后，严肃而又认真地盯着对方的眼睛说："夫人，如果我是你的丈夫，我就会毫不犹豫地把那杯咖啡喝下去。"

阿斯特夫人的进攻是如此咄咄逼人，丘吉尔若不回击未免显出自己的软弱，而回击不慎却可能导致一场毫无水准的"泼妇骂街"。丘吉尔毕竟是丘吉尔，一记顺水推舟的幽默重拳，打得飞扬跋扈的阿斯特夫人满地找牙却无从回手！

民主党候选人约翰·亚当斯在竞选美国总统时，遭到共和党诬蔑，说他曾派其竞选伙伴平克尼将军到英国去挑选四个美女做情妇，两个给平克尼，两个留给自己。约翰·亚当斯听后哈哈大笑，马上回击："假如这是真的，那平克尼将军肯定是瞒着我，全都独吞了！"

约翰·亚当斯最后当选，成为美国历史上的第二任总统。亚当斯的胜利当然不应全归功于幽默，但却不能否认幽默魅力的功用。几乎人人都有遭受冷箭伤害、谣言中伤的经历。放冷箭、造谣言的成本极低，杀伤力却极大。加上"好事不出门，坏事传千里"的传播学原理，一旦处理不当，便会对被诋毁者造成极为不利的局面。试想一下，如果亚当斯听到攻击之后气急败坏，暴跳如雷，脸红脖粗，或辱骂共和党的卑鄙中伤，或对天发誓："若有此等丑闻，天打雷劈！"这样抓狂，不仅有失一个总统候选人的风度与理智，也有可能陷入无聊无趣又无休止的辩论泥潭之中——何况真理是越辩越明还是越描越"黑"都有待商榷。

在冷箭的包围中、谣言的旋涡里，如何从容脱身，实在是一门大学问。置身此类局面下的人，不妨运用幽默的武器，以四两拨千斤的姿态，或许可以潇洒地把对方打个四脚朝天。

值得注意的是，幽默的用心是爱，而不是恨。林语堂先生说过："幽默之同情，这是幽默与嘲讽之所以不同，而尤其是我热心提倡幽默而不很热心提倡嘲讽之缘故。幽默绝不是板起面孔来专门挑剔人家，专门说俏皮、奚落、挖苦、刻薄人家的话。并且我敢说幽默是厌恶此种刻薄讽刺的架子。"

有一次，诗人马雅可夫斯基在大会上演讲，他的演讲尖锐、幽默、锋芒毕露、妙趣横生。忽然有人喊道："您讲的笑话我不懂!""您莫非是长颈鹿!"马雅可夫斯基感叹道，"只有长颈鹿才可能星期一浸湿的脚，到星期六才能感觉到呢!"

"我应当提醒你，马雅可夫斯基同志，"一个矮肥子挤到主席台上嚷道，"拿破仑有一句名言：'从伟大到可笑，只有一步之差'!""不错，从伟大到可笑，只有一步之差。"马雅可夫斯基边说边用手指着自己和那个人。

马雅可夫斯基接着开始回答台下递上来的条子上的问题：

"马雅可夫斯基，您今天晚上得了多少钱?""这与您有何相干?您反正是分文不掏的，我还不打算与任何人分哪!"

"您的诗太骇人听闻了，这些诗是短命的，明天就会完蛋，您本人也会被忘却，您不会成为不朽的人。""请您过一千年再来，到那时我们再谈吧!"

"你说应当把沾满'尘土'的传统和习惯从自己身上洗掉，那么您既然需要洗脸，这就是说，您也是肮脏的了。""那么您不洗脸，您就自以为是干净的吗?"

"马雅可夫斯基，您为什么手上戴戒指? 这对您很不合适。""照您说，我不应该戴在手上，而应该戴在鼻子上喽！"

"马雅可夫斯基，您的诗不能使人沸腾，不能使人燃烧，不能感染人。""我的诗不是大海，不是火炉，不是鼠疫。"

马雅可夫斯基在别人的攻击与诋毁之下，丝毫不乱阵脚，举起幽默的宝剑将那些来自四面八方的冷箭干净利落地斩断。

这就是幽默的力量。它能让一个人面对谩骂、诋毁与侮辱时，毫发不损地保全自己。

我们什么时候看到过富有幽默感的人在交流或论辩中被动过？即使是身处完全不讲理的险恶境地，他们也能以自己高超的幽默腾挪闪打，游刃有余。

幽默让你变得平易近人

幽默感是衡量一个领导人是否具有活泼、弹性心智的重要标志。有幽默感的人通常不会把自己看得太重要，而且比较能做出好的决策。

有一次，美国 329 家大公司的行政主管参加了一项幽默意见的调查。由一家业务咨询公司的总裁霍奇先生主持此项调查，发现：97%的主管人员相信：幽默在商业界具有相当的价值；60%的人相信：幽默感能决定一个人事业成功的程度。各行业人士都对幽默的力量给予很高的评价，工商业界高阶层的负责人更是借助幽默力量来改变他们在职员心目中的形象，改善大家对整个公司的看法。每一阶层的领导人和经理人在建立与下级的良好关系上，也都转向幽默力量求助。他们都希望下属把他们看成有亲和力的上级。下面是一个下属对他的老板的看法。

"我的老板，也就是报纸发行人，是世界上最伟大的幽默家之一，"杰米说，"至少以他经常说笑话而言，他是当之无愧。例如他在办公室里设了一个建议箱，多半从里面得到些笑话来讲。但是他太喜欢自己的笑话了，常常花很多时间去编撰。"

"他常常去开这个箱子，然后滔滔不绝地说了起来。'这个建议箱真不错，是用上好的松木做的。你可以从洞里看出是多节的松木，你可以看到洞里风光。但是底部没有洞，你看不到地板风光。'"

从中我们可以看出杰米的老板是多么渴望在下属心中树立起他幽默、平易近人的形象。其实，不管那位老板的做法能不能取得大的成效，只要他心中有一种和员工亲近、交流的想法，相信他一定能与员工达到良好的沟通，建立一种和谐的关系。同上面那位老板相比，下面这个故事中主管的做法更为高明。

在公司管理层会议上，动画部、策划部、制作部和市场部的几个主管之间硝烟弥漫：市场部认为策划部创意不足，导致业务拓展困难；策划部认为制作部执行走样，导致脚本与样片不一致；制作部认为策划部不考虑执行成本与难度，一味追求高大上……

三个部门混战一场，难分难解。

突然，制作部主管向市场部主管发难："你怎么那么得意，是不是因为终于升为了市场部主管？"制作部的技术派牛人，从来就是这副嚣张的做派，但很难奈何他们。甚至老板也得让他三分。毕竟，这年头，技术高手很难找，在哪儿都可以找到一碗好饭。

市场部主管不想得罪他："是啊，我得意是因为我当了主管经理，终于实现年轻时的梦想，可以和主管夫人同床共枕。"

剑拔弩张的局面一下子就缓和下来了，众人发出一片善意的笑声，连制作部的经理也没忍住发笑。主持会议的老总眼光略带欣赏地望着市场部主管。

《芝加哥论坛报》工商专栏的作家那葛伯，也曾经访问了很多家大公司的主管人员，而后整理出几位高级经理人员的意见，发现愈来愈多高阶层的领导人，希望他们在同事和大家眼中的形象更人性化一些。这些领导人鼓舞我们一同笑。不过有的时候，老板的讲话方式不妥也会使部下很不愉快。这就是造成彼此对立的一个原因。因此，老板不应当仅仅看到部下的工作情况和成绩，还应当了解他们内心的烦恼。老板讲话时要极为慎重，注意不要伤害部下的感情。

其次，幽默能避免招来下属敌意。

曾经有一位年轻女子，因不接受领导批评，竟赌气开着一辆汽车，向金水桥撞去，好些无辜的生命死于车轮底下。这就是人们记忆犹新的发生在天安门广场的一桩特大犯罪案。这幕悲剧发生的导火线就是领导的批评言辞不当。

作为一个领导，一个上级，批评下属的时候要讲究方法，这样才能避免招来下属的敌意。不过，要想把批评下属的话说得恰到好处也需要一些技巧。幽默是人际关系的润滑剂，可以促进人际关系的和谐，如果把这种幽默技巧用在批评犯了错误的下属身上，也能收到良好的效果。

经理问女秘书："你相信人会死而复生吗？"

"当然相信。"

"这就对了，"经理笑着说，"昨天上午你请假去参加外祖母的葬礼，中午时分，她却到这里来看望你！"

经理运用幽默技巧，既达到了批评女秘书使她认识到自己错误的目的，又避免招来女秘书的敌意。相反，如果一位上级尖刻地批评一个工作做得不好的下属，就会造成了失败的局面。那位下属会失去他的自信心，而同事也会失去他的信任，得不到他的合作。

有一位督导对手下的职员说："我需要这份进展报告的五份复印本，马上就要！"

这位职员按下复印机的按钮，立时，二十五份复印本就复印了出来。

"我不要二十五份。"督导大声说。

于是这位职员笑着说："对不起，但是你已经要到了那么多！"

然后他俩爆出一阵笑声，笑那复印机不听话。这位职员以轻松的反应来纾解紧张的气氛，并且使得上司接纳了她在严肃与趣味之间巧取的平衡。

古人云："人非圣贤，孰能无过？"如果下属在工作中犯了错误，上级领导不给以适当的批评，只会令下属在错误的道路上越走越远。可见，批评在工作中是非常必要的。但是，如果领导的批评言辞不当，不注意批评的技巧和方法，往往会导致一些意想不到的事情发生。因此，要想得到良好的批评效果，又不至于招来下属的敌意，就需要掌握一些诸如幽默批评之类的批评技巧和方法。

最后，幽默能让你对下属的管理充满人性化。

有人说做职员容易做管理者难，管得轻了效果也不佳，管得重了有反效果，看来要做一个好的管理者确实不太容易。在此我们给管理者们提供一个对员工进行人性化管理的方法，那就是幽默的管理方法。

身处高位的企事业负责人，在人们的心目中往往有一种高不可及的印象，而有远见的高层人士往往希望运用幽默力量来改变他们在公众之中的形象，改善大家对他所领导公司的看法。而这种形象的树立，就是建立在高层领导人借助幽默对下属进行人性化管理的基础之上的。

有家公司为了教导主管们做人性化的管理，特别为主管们安排了有关"沟通"的教育训练课程。上了一个星期课之后，有位主管在责备老是严重迟到的一个部属时，挖空心思，想在骂他的时候又能保住他的面子。他把这个部属找来，面带笑容地对他说：

"我知道你迟到绝对不是你的错，全怪闹钟不好。所以，我打算定制一个人性化的闹钟给你。"这个主管对部属挤了挤眼睛，故作神秘地说，"你想不想听听它是怎么人性化的？"

下属点点头。

"它先闹铃，你醒不过来，它就鸣笛，再不醒，它就敲锣，再不醒，就发出爆炸声，然后对你喷水。如果这些都叫不醒你，它就会自动打电话给我帮你请假。"

上级在对下属进行管理中，批评与责备有时是必须的，不可缺少的。然而，事实上，一贯的指责和批评很难使自己的下属俯首称臣，也难以取得好的管理效果。鉴于此，如果在管理中采用夹带着浓厚幽默语气的人性化批评，通过满面的笑容来进行管理，那就冲淡了批评与责备的意味，在说者无意、听者有心的情况下，保全了对方的自尊，也达到了管理的目的。

有一位叫 K 的年轻人，他所在公司的经理对下属非常严厉，公司员工都叫他"雷公"。有一天 K 从外面回来，看到经理位子是空的，以为他不在，就对同事说："'雷公'不在吗?"说完发现屏风另一边，经理正与客户谈生意。经理听到了他的话，K 坐立不安，以为大祸临头。客户走后，经理来到了 K 身边，K 惊恐地向经理道歉。没想到经理微笑道："我们的雷公并不一定夏天才会响的。"

K 听了这句话，比平常挨骂效果好上百倍。经理也通过幽默改变了在员工心中的形象。K 的经理改变以前严厉的管理风格，尝试使用带有幽默感的人性化管理方法并取得了良好的效果。

第六章
幽默让人际更和谐

    一个具有幽默感的人，能时时发掘事情有趣的一面，并欣赏生活中轻松的一面，建立起自己独特的风格和幽默的生活态度。这样的人，容易令人想去接近；这样的人，使接近他的人也感受到轻松愉悦；这样的人，更能增添人生的光彩，更能丰富我们生活的这个社会，使生活更具魅力，更富艺术。

懂幽默，不尴尬

有一位身材矮小的男教师走上讲台时，学生们有的面带嘲讽，有的交头接耳暗中取笑。

这位老师扫视了一下大家，然后风趣地说："上帝对我说：'当今人们没有计划，在身高上盲目发展，这将有严重后果。我警告无效，你先去人间做个示范吧。'"

学生们哄然一笑，然后鸦雀无声。很显然，他们都为老师的幽默智慧所折服，忘记了他身材的缺陷。

幽默是社交之中的润滑剂，能使难解的麻纱顺畅解开，还能使激化的矛盾变得缓和，从而避免出现令人难堪的场面，化解双方的对立情绪，使问题更好地解决。

有一位女歌手举办个人演唱会，事前举办方做了大量的宣传，但到了演出的那天晚上，到场的观众不到一半。女歌手没有面露失望的情绪，她镇定地走向观众，拿起话筒，面带微笑地说道："我发现这个城市的经济发展迅速，大家手里都很有钱，今天到场的观众朋友每人都买了两三张票。"全场爆发出了热烈的掌声。第二天的许多媒体娱乐版的报道，也纷纷为这位歌手的豁达和幽默叫好，为原本陷入尴尬的女歌手树立了良好的形象。

这位歌手在演唱会上，面对过低的上座率，心里没有遗憾与痛楚是不可能的。心里不舒服，但又必须战胜这种不舒服，以阳光的姿态去把最好的自己献给买票进场的观众，怎么办？唯有借助幽默。幽默是有文化的表现，是痛苦和欢乐交叉点上的产物。一个人不经历痛苦、辛酸，便不懂得幽默。而假如他没有充足的自信和希望，也不会幽默，他的痛苦与辛酸也就白费了。

无独有偶。一位著名的歌手参加一个大型的露天晚会。她在走上舞台时，不慎踢到台阶突然摔倒。面对这种情况，如果什么也不说就起来，就会给全场观众留下不好的印象，但她急中生智，说道："看来这个舞台不是一般人能来的，门槛真高呀！"大家都笑了，她更是保持了自己的风度，巧妙地借幽默摆脱了尴尬。

在总统竞选大会上，西奥多·罗斯福演说完后，到回答听众提问的时间了，由他身边的一个主持人帮他念观众递上来的条子。在回答了几个选民们关心的问题后，照本宣科的职业习惯让主持人将一张条子上写的两个字原原本本地大声念出："笨蛋！"

主持人的话刚落，连他自己也傻眼了，台下的反对派开始大声起哄。

"亲爱的同胞们！"罗斯福镇静地说："我经常收到人们忘记署名的信，但现在我生平第一次接到一封只有署名，但没有内容的信！"

罗斯福明知是反对派在搞鬼，用这种无聊的方式谩骂自己。但他并不正面去斥责这种行为，而是用幽默的手段，轻巧地将"笨蛋"的帽子还给了对手，从容地化解了尴尬，控制住局势。

人是情感动物，都有着一方自己的情感天地，可是这块天地没有"篱笆"，经常有外物闯入，恣意践踏，让情感受到伤害，自尊受到打击。特别是人的薄弱环节，如缺点、毛病、难堪等，经常受到别人的侵害、笑话。面薄的人内心就会受到很大的打击，对生活失去信心，但有的人却能应付自如。面对对方的诘难，自己吹着喇叭，自己擂鼓，把自己夸耀一通，巧妙地渡过难关。这有时不免有些滑稽，因为现实情况与其所吹嘘的反差太强烈，明眼人一下就能看穿，但是，幽默似乎就在其间产生了。

萨马林陪着斯图帕科夫大公去围猎，闲谈之中萨马林吹嘘自己说："我小时候也练过骑马射箭。"

大公要他射几箭看看，萨马林再三推辞不肯射，可大公非要看

117

看他射箭的本事。实在没法，萨马林只好张弓搭箭。

他瞄准一只麋鹿，第一箭没有射中，便说："罗曼诺夫亲王就是这样射的。"

他再射第二箭，又没有射中，说："骠骑兵将军也是这样射的。"

第三箭，他射中了，他自豪地说："瞧瞧，这才是我萨马林的箭法。"

萨马林本不善射箭，无意中吹嘘了一下，不料却被大公抓住把柄，非要看他出丑不可。好在萨马林急中生智，把射失的箭都推到别人身上，仿佛自己失手是为了做个示范似的，终于射中一箭，才揽到自己身上，并不失时机地再次夸耀一番。靠幽默的帮助，他总算没有当场出洋相。而斯图帕科夫大公也一定知道这家伙在吹牛，但有这么有趣的幽默垫底，谁会去计较那些无伤大雅的事情呢，开怀一笑多好。

威尔逊是英国的前首相。有一天，威尔逊在一个广场上举行公开演说。当时广场上聚集了数千人，突然从听众中扔来一个鸡蛋，正好打中他的脸，安全人员马上下去搜寻闹事者，结果发现扔鸡蛋的是一个小孩。威尔逊得知之后，先是指示属下放走小孩，同时叫助手记录下小孩的名字、家里的电话与地址。

台下听众猜想威尔逊可能要处罚小孩子，开始骚动起来。这时威尔逊对大家说："我的人生哲学是要在对方的错误中，去发现我的责任。方才那位小朋友用鸡蛋打我，这种行为是很不礼貌的。虽然他的行为不对，但是身为一国首相，我有责任为国家储备人才。那位小朋友从下面那么远的地方，能够将鸡蛋扔得这么准，证明他可能是一个很好的人才，所以我要将他的名字记下来，以便让体育大臣注意栽培他，将来也许能成为棒球选手，为国效力。"威尔逊的一席话，把听众都说乐了，演说的气氛顿时变得轻松融洽。

谁都喜欢能给人欢乐的人

马克·吐温曾经说："让我们努力生活，多给别人一些欢乐。这样，我们死的时候，连殡仪馆的人都会感到惋惜。"马克·吐温的话既有幽默感，又富有哲理。

法国作家小仲马有个朋友的剧本上演了，朋友邀小仲马同去观看。小仲马坐在最前面，总是回头数："一个，两个，三个……"

"你在干什么？"朋友问。

"我在替你数打瞌睡的人。"小仲马风趣地说。

后来，小仲马的《茶花女》公演了。他便邀朋友同来看自己剧本的上演。这次，那个朋友也回过头来找打瞌睡的人，好不容易终于也找到一个，说："今晚也有人打瞌睡呀！"

小仲马看了看打瞌睡的人，说："你不认识这个人吗？他是上一次看你的戏睡着的，至今还没醒呢！"

小仲马与朋友之间的幽默是建立在一种真诚的友谊的基础之上的，丢掉虚假的客套更能增进朋友之间的友谊。可见，交朋友要以诚为本。朋友之间要以诚相待，互相关心，互相尊重，互相帮助，互相理解。爱人者人恒爱之；敬人者人恒敬之。关心别人，才会得到别人的关心；尊重别人，才会得到别人的尊重；帮助别人，才会得到别人的帮助；理解别人，才能得到别人的理解。

在家庭生活中，男人常常会因为自己的妻子为赶时髦去购买时装而产生烦恼，免不了一番发泄，但这往往会伤害夫妻情感。如果你是一个有修养的男子，面对这种窘境，即使是批评，也应采取一种幽默的方式，既消弭矛盾，又不伤感情，并给生活增添一份情趣。

妻子："今年春天，不知又流行些什么时装？"

丈夫："和往常一样，只有两种，一种是你不满意的，另一种是我买不起的。"

这位丈夫的幽默，一般通情达理的妻子均能接受，两个人此时都会为之一笑。

谁不喜欢富有幽默感的人呢？即便是没有幽默感的人，对于幽默的人大概也是欣赏与喜欢的吧。因为任何人的内心都喜欢阳光与欢乐，而具有幽默感的人，他们身上散发着阳光与欢乐的气息。

人们已经厌倦了腥风血雨，已经厌倦了指桑骂槐，已经厌倦了人与人之间的指责与谩骂。现代生活中的幽默，也就是与人为善，它追求的是人与人之间的和谐以及人的发展与完善。麦克阿瑟将军，他在为儿子所写的祈祷文中，除了求神赐他儿子"在软弱时能自强不屈；在畏惧时能勇敢面对自己；在诚实的失败中能够坚忍不拔；在胜利时又能谦逊温和"之外，还祈求了一样特殊的礼物——赐给他儿子以"充分的幽默感"。可见，幽默是人生多么值得拥有与追求的馈赠。

西方人对于幽默非常重视，但或许由于文化上的差异，幽默在我国并不太受到人们的重视。据南开大学社会学系的一项调查显示，我们的家庭成员在情感交流中，有六成的妻子认为丈夫少有幽默的情调，七成的丈夫认为妻子缺乏幽默感，而认为父母毫无幽默细胞的子女接近有九成！这一数据显然应该引起我们的重视和警觉。

每逢时代踏进新阶段时，幽默便会兴旺起来。它对于生活中古旧的一切、虚妄的一切，宣告了它们末日的来临。我们正在迎接这一时代！

见面寒暄要乐着点儿

寒暄是人们在见面时说的话，虽然没有实际意义，但它却很重要。它的主要用途，是在人际交往中打破僵局，缩短人际距离，向交谈对象表达自己的敬意，或是借以向对方表示乐于与之多结交之意。所以说，在与他人见面之时，若能选用适当的寒暄语，往往会为双方进一步的交谈，做好良好的铺垫。

但有些性急的人不喜欢寒暄。他们觉得寒暄都是无聊的废话，他们不喜欢寒暄，也不屑于寒暄。而过于一般的寒暄，诸如"今天天气不错"之类的话，常常使人觉得乏味。为增添寒暄乐趣，维护良好的人际关系，可以在寒暄的时候打破常规，注入幽默元素。

我们看这个例子。

连续下了几天的大雨，某公司同事们见了面，一个人说："这天怎么老是下雨呀？"一位老实的同事按常规作答："是呀，已经六天了。"一位喜欢加班的同事说："嘿，龙王爷也想多捞点奖金，竟然连日加班。"另一位关注市政的同事说："天堂的房管所忘了修房，所以老是漏水。"还有一位喜爱文学的同事更加幽默："嘘！小声点，千万别打扰了玉皇大帝读长篇悲剧。"

很多有幽默感的老年人很喜欢晚辈和他们开一些善意的玩笑。所以，当你刚出门就遇见老年邻居时，你就可以幽默地和他们寒暄一番，这样很容易就能和他们搞好关系，一般情况下，他们还会逢人就夸你会说话。

再看这个例子。

一个大热天，小王赶早趁天气凉爽去公司上班。她刚出家门，就看见邻居刘大妈大清早就在树荫下锻炼身体。她走过去神秘地对刘大妈说："大妈，这么早练功，不穿棉袄，小心着凉啊。"小王的话逗得老太太哈哈大笑，并说道："你这个鬼丫头！再不走你上班可要迟到了，现在都九点多了。"

小王一听赶紧看看表，才八点半。看到刘大妈在那里得意地笑才知道自己上当了。以后，每逢刘大妈看见小王都非常高兴，还主动和她打招呼，逢人就夸小王聪明伶俐，还张罗着给她介绍对象呢。

此外，新近发生的大事件会成为人们寒暄的话题，因为大事件是大家都关注的，人们可以从中找到共同的语言，可以避免在寒暄中话不投机而导致尴尬。下面就是一个利用大事件在寒暄中制造幽默的例子。

前些年因为厄尔尼诺现象的影响，气候反常，快到夏天的时候人们还穿着毛衣。很多熟人见面后的第一句话就是："气候太反常了，都过了农历四月了，天还这么冷。"

可是，有一个幽默的汽车司机却别出心裁，他见到同事李师傅的时候就说："李师傅，这不又快立秋了，毛衣又穿上了。"他见到邻居张大爷的时候也会故意幽默地问："张大爷，您老也没有经历过这么长的冬天吧，到这时候了还这么冷。"恰好张大爷也是一个幽默的人，他笑着答道："是啊，大概老天爷最近心情不太好，老是板着一副冷面孔。"

每个时期都会发生一些吸引公众注意、为公众关心的事件，你可以利用它在寒暄中制造幽默的话题。

幽默是活跃气氛的法宝

幽默是活跃谈话气氛的法宝，它能博得众人的欢笑。人们在捧腹大笑之际，超脱了习惯、规则的界限，享受不受束缚的"自由"和解除规律的"轻松"，接下来的沟通自然会轻松愉快。很多时候，那些相敬如宾的夫妻未必就没有矛盾，而平日吵吵闹闹的恋人可能会更亲热。社交也是如此，若彼此谈得开心，开句玩笑，互相攻击几句，打一拳，拍两下，反倒显得亲密无间、无拘无束。

有这么一个故事。

一对很久未见的年轻男女，在街头偶然相遇。他们曾经是恋人，后来因为各种原因分了手。他们决定去一家咖啡厅里坐坐。

在等待咖啡端上来的时间，也许是要说的话太多却不知从何说起，两人相对无言，显得很尴尬。过了一会儿，男的问："你搅拌咖啡的时候用右手还是左手？"

女的答："右手。"

男的说："哦，你好厉害哦，不怕烫，像我都用汤匙的。"

一句玩笑，场面顿时活跃起来了。他们开始谈现在、过去，以及过去的过去……

看了这个故事，我们明白：当气氛陷入呆滞时，恰当地使用幽默，会活跃尴尬的气氛，并让交谈变得轻松愉快。

和朋友久别重逢后不免寒暄一番，你完全可以借此幽默一把。例如见到一个戴了帽子的朋友，你可以用羡慕的口气对他说："老兄你真的是帽子向前，不比往年啊。"轻松幽默的高帽子立马使整个气氛变得异常活跃，友情会加深一层。

在相声里，悬念是相声大师的"包袱"。交谈中有意制造悬念，会使人更加关注你的一举一动。当大家精力集中、全神贯注时，你抖开"包袱"，让人们发觉这是一场虚惊，大家都会付之一笑，报以掌声。

同时，幽默还可以缓解电影的凝重气氛，我们看再看这个例子。

《赤壁》的票房过亿，在文戏的拍摄中，吴宇森用了好莱坞最经典的一招：幽默。在两场激烈、血腥、节奏紧凑的武戏中，漫长的文戏如果过于平淡，很容易让人失去再看下去的兴趣，尤其是在上半部长140分钟，除去50分钟的武戏，90分钟都是文戏的情况下，因此活跃一下气氛是很必要的。

在这些幽默手法中，虽然也有因为情节和台词的不合理引致的发笑，但是大多数的笑场还是因为吴宇森的故意为之。像是周瑜和诸葛亮动不动就有一副看别人被欺负而幸灾乐祸的表情。周瑜去拜访刘备，在帐内见到张飞在写字。张飞一头雾水，还没搞清楚状况，就怒目圆睁，以高分贝大吼："混账！干什么啊你！"周瑜被吼得皱起了眉头，转头一看，诸葛亮早就已经把耳朵给捂上了。

而在片中出现了不止一次地"我需要冷静"和"这个阵法已经过时了"的台词，除了恰到好处地让人会心一笑外，想必也会成为下一季的办公室流行语。

此外，不知道是不是受《指环王》的影响。周瑜在上半部小试身手，中了一箭了之后，猛地把箭拔出来（血喷溅出来），冲向骑在马上射箭的将领，然后一个鹞子翻身就到了他的背后，轻轻松松地就把箭插到了他的颈后。

吴宇森导演在如此凝重的电影题材中巧用幽默，使得凝重、平淡的气氛变得活跃起来，不但赢得了观众，还赢得了过亿的票房。

幽默是友谊黏合剂

一位画家大病新愈，消息传到作家朋友那里。作家连忙邮了一件礼品给画家，以示关心与祝福。画家打开裹了一层又一层纸的礼品，最终露出礼品的真面目：一块普通平凡的石头。在这块石头上，刻着一行字："听到您身体康复的消息，我心头的石头终于落了下来！"画家哈哈大笑，将这块普通平凡的石头视若珍宝。

幽默，其实就是增进友谊的强力黏合剂。

一般情况下，两个要好的朋友善意地捉弄对方的方式较为常见。比如朋友弄了个不伦不类的发型，你可以说："妙哉，此头誉满全球，对外出口，实行三包，欢迎订购。"下面是一段朋友间的幽默对话。

一个男人对一个刚刚相遇的朋友说："我结婚了。"

"那我得祝贺你终于找到了爱的归宿。"

"可是又离婚了。"

"那我就更要祝贺你了，你又重新拥有了一片森林。"

朋友间往往无话不谈，因此能够产生幽默的话题也很多。朋友错把黄鹤楼说成在湖南，你可说："不，在越南！"朋友之间的逸乐交谈，有时候会用说大话的方式进行，这种方式也能产生很好的幽默效果。

有两位朋友闲着没事互吹自己的祖先。

一个说："我的家世可以远溯到英格兰的约翰国王。"

"抱歉，"另一个表示歉意说，"我的家谱在大洪水中因来不及搬上诺亚方舟而被冲走了。

说完之后，两朋友拊掌大笑。

人世间，从来都是锦上添花的多，雪中送炭的少。殊不知锦上的花已经够多了，多你送的不多，少你送的不少；而雪中送炭却是如此宝贵，哪怕一丁点儿也够人温暖一时，铭记一生。

雪中送炭并非一定要以物质的形式，有时一句安慰的话，甚至一个鼓励的眼神，就可以让人身处寒冬却温暖无比。

我们以安慰病人为例。生病的人最需要安慰，安慰病人也确实有些讲究。说些善意的祝愿："好好休息吧，你不久一定会康复的！"或直接询问病人的详细病状和调治方法，都不能算真正的安慰。那么，怎样才能给病人很好的安慰呢？

某人因工作劳累生了病，卧床不起，他的朋友说："你多么幸运啊，唯愿我也生点病，好让我也能安静地躺在床上休息几天。"类似这种幽默的语言安慰病人的方法，往往会取得良好的效果。

有人去探望一年中因旧病频频复发而第五次住院的老朋友，以自己战胜病魔的经过，作风趣的现身说法：

"这家监狱（医院）我非常熟悉，因我曾经是这里的'老犯人'，被'关押'在此总共十二个月，对这里的各种'监规'了如指掌。我'沉着应战'，毫不气馁。有时，我自己提着输液瓶上厕所，被病友称作是'苏三起解'；有时三五天不吃饭，被医生称作为'绝食抗议'；有时接连几天睡不着觉，就干脆在床上'静坐示威'。三百多个日日夜夜，我就这样'七斗八斗'斗过来了。如今我不是已经'刑满释放'了嘛！你尽管是'五进宫'，只要像我这样'不断斗争'，就一定会大获全胜！"

这番话说得老朋友和同室病人都乐了，大家的心情也都轻松起来，老朋友的病也似乎感觉轻了几分。看来，探病时的交谈十分需要幽默，因为被病魔缠身的人格外需要欢快的笑声。

有天早晨，海斯因屋顶漏的水滴在他脸上而急忙下床，踩到地上才发现地毯全浸在水里。房东叫他赶紧去租一台抽水机。海斯冲下楼，准备开车，车子的四个轮胎不知怎的全都没气了。他再跑回楼上打电话，竟遭雷击，差点一命呜呼。等他醒来，再度下楼，车子竟被人偷走了。他知道车子轮胎没气、汽油不够跑不远，就和朋友一起找，总算找到了。傍晚，他穿好礼服准备出门赴宴，木门因浸水膨胀而卡牢，只好大呼小叫，直到有人赶来将门踢开才得以脱困，当他坐进车子，开了不足三里竟遭遇了车祸，于是被人送进医院。

海斯的朋友赶去医院看望他。在听了海斯极度生气的牢骚后，朋友才明白海斯不幸的来龙去脉。朋友笑着说："看来似乎是上帝想在今天整死你，但是却一再失手。你真幸运！"

短短一句话，说得海斯极度兴奋、得意而自豪！

另外，对待朋友的失误，如果用幽默处理是非，也往往会获得更好的效果。如果你用尖刻的指责去对待事情处理不好的朋友，就可能引起更坏的局面。那位朋友会失去信心，而你会失去对他的信任，也就得不到他的更好合作。反过来，如果你用幽默的语言化解问题，反而可以打开相互了解的渠道。

所以，当对方处理事情出了问题，你就对他笑笑吧。这样，不仅会让你以轻松的心态解决问题，而且能让朋友之间更加和谐相处。

幽默多一点，朋友多一些

俗话说：在家靠父母，出门靠朋友。能够多交一些朋友，常与朋友交谈、聊天，就会心胸开阔，信息灵通，心情开朗；也能取人之长，补己之短。遇到烦恼的事情，朋友可以安慰你；遇到什么难题，朋友可以帮你出主意；有什么苦衷，也可以向朋友倾诉一番；遇到什么喜事和值得高兴的事，可以和朋友说说，分享快乐。

时下城市公交车比以往更拥挤了，人们来去匆匆，互相挤压时一般都无话可说。假设有这么一个人他突然耐不住寂寞了，他说道："喂，各位，大家都吸一口气，缩小些体积，我挤得受不了啦，快成照片了！"大家肯定会一起笑起来。陌生人之间就会变得亲近起来，交流便由此开始了。

当然要找到志同道合的朋友并不是一件容易的事情。交友难，其实难就难在交友的方法上，幽默交友不失为一种有效的方法。陌生的朋友见面，如果幽默一点，气氛将变得活跃，交流会更顺畅。

著名国画大师张大千与著名京剧艺术大师梅兰芳神交已久，相互敬慕。在一次张大千举行的送行宴会上，张大千向梅兰芳敬酒，出其不意地说："梅先生，您是君子，我是小人，我先敬您一杯！"众人先是一愣，梅兰芳也不解其意，忙问："此语做何解释？"张大千朗声答道："您是君子——动口；我是小人——动手！"张大千机智幽默，一语双关，引来满堂喝彩，梅兰芳更是乐不可支，把酒一饮而尽。

大多数人都有广交朋友的心，苦的是没有行之有效的方法，如果我们能像张大千一样，注意感受生活，勤于思考，有一天我们也会变得和他一样幽默风趣，到那时候，对我们来说世界就不再是陌生的了，因为陌生人也会乐意成为我们的朋友。

　　两辆轿车在狭窄的小巷中相遇。车停了下来，两位司机谁也不准备给对方让道。

　　对峙了一会儿，其中一个拿出一本厚厚的小说看了起来，另一个见了，探出头来高声喊道："喂，老兄，看完后借我看看啊!"

　　逗得看书的司机哈哈大笑，主动倒车让路。另一个司机则在车开过了小巷之后主动与看书的司机交换了名片，并真的向他借书看。两人的家离得本就不远，后来两人就成了很好的朋友。

　　上面故事中向人借书看的那位司机真是将幽默的交友艺术发挥到了极致，因为本来用幽默的话语将矛盾的热度降低到零点，把车开出小巷之后就已经达到了目的，他却没有就此停止，而是通过进一步的幽默将两人发展成朋友关系。所以，当我们与陌生人发生冲突的时候，如果能幽默一点，大度一点，矛盾应该可以化解，敌意也能变成友谊。

　　朋友间的幽默，方式很多，只要"幽"得开心，"默"得可乐就可以了。

用幽默巧妙化解对方怒气

现实生活中，常常可以看到，双方争论激烈、剑拔弩张、僵持不下，在这个时候，一句幽默的玩笑，往往能化解对方的怒气，化干戈为玉帛。

在一次演讲会上，当一个议员上台演讲时，另一个议员感觉对方占用了太长的时间，然后他走近对方轻声说："先生，你占用的时间太长了，这是不礼貌的，你能不能快点……"还未等他把话说完，那个议员便用非常严肃的口气对他说："无礼的家伙，你最好赶快出去。"另一个议员很生气，便自顾自地继续演讲。

另一个议员自觉受到了侮辱，他怒火中烧，急于教训、惩治侮辱他的人，却没有想到很好的办法。于是，他就像一个小孩子一样跑到主席那里去申诉，这个议员找的就是省议会主席柯立芝（后来当了美国总统）。

议员在柯立芝面前诉说自己的委屈，并请求柯立芝给他做主："柯立芝先生，你刚才已经听到了那个无礼的家伙是如何侮辱我的，我的自尊心受到了严重的伤害，你要为我主持公道啊。"

柯立芝幽默地说："会的，我刚才已经翻看了相关的法律条文，在当时的情况下你不必出去。你看上去很可爱！"

该议员听了以后，嘿嘿地笑了，心里的怒气也没了。他也觉得自己的行为有些不当，过了几天，他向另一位议员表示了歉意，并得到了对方的原谅。

柯立芝的回答，显然幽默而又机智，不但使这位议员消除了怒气，还使得那个议员意识到了自身的错误，化解了两个议员的矛盾，避免了无意义的争吵。

由此可见，聪明人往往不会使自己陷入别人的争吵旋涡中去。他们能以幽默的语言，打破僵局，化解他人的怒气。从而使争吵双方化干戈为玉帛。

再看这个例子。

在一个商场里面，一位女顾客愤怒地对售货员说："幸好我没有指望在你这里找到优质的服务，也没打算在你身上发现礼貌，因为你根本不是一个合格的售货员。"

售货员反击道："没有你这么挑剔的顾客，不想买就别浪费我的时间。"

这时，一个老大爷走过来，了解事情经过后，他幽默地对售货员说："小姐，这里卖'吵架'吗?"售货员一听便笑了。那位女顾客对老大爷说："对不起，打扰您买东西了。"说罢转身离开了。

人在这个社会上生活，总要与别人打交道，产生一些摩擦和矛盾是正常的事情。但不管怎么样说，都不要针锋相对。一不小心，就会把气氛搞得很紧张，把小事变成大事。如果能在言语中多一些幽默的成分，就能调和谈话气氛，化解争吵，化解彼此的怒气。

给批评披一件幽默的外衣

整天嘻嘻哈哈厮混在一起的朋友，是"昵友"（按西晋苏浚的分类法，符合"甘言如饴，游戏征逐"）。一个有智慧、幽默的人，不应该追求或满足于成为他人的"昵友"，而应该在朋友有错误时指出来，做朋友的"畏友"（即"道义相抵，过失相规"）。然而，有很多人不愿意成为"畏友"，究其原因是害怕因批评而引起对方的不快，进而引起彼此关系的裂痕。这种担心不无道理。但你若坐视朋友错下去，等朋友陷得难以拔足时醒悟，估计你们的友谊也就走到了尽头。

因此，该指出来的还是要指出来，该批评的还是要批评。只是，其方式不妨柔和一些、含蓄一些、有趣一些——这些正是"幽默"的拿手好戏。

中成药与西药口服制剂，因为味苦，大多裹上了一层糖衣，以利于患者口服。现代生活中的幽默也同样可以起着包裹"良言"的糖衣效用。人们用幽默来表达嘲讽、批评的意味就是生活的一种艺术，是人际关系和谐的需要。

对方错了，我们就应让对方改正，但是如果方法过激，可能会让对方脸上挂不住，恼羞成怒的人会更加坚持自己的错误，于事无补。所以，聪明的人会选择幽默的语言提醒对方，给对方留下面子。这是因为，笑是最能解嘲的东西，在哈哈大笑中，顽固的人也会变得可爱。

某青年拿着乐曲手稿去见名作曲家罗西尼，并当场演奏。罗西尼边听边脱帽。青年问："是不是屋内太热了？"罗西尼说："不，我有一个见到熟人就脱帽的习惯，在你的曲子里，我碰到的熟人太多了，不得不频频脱帽!"

青年的脸红了，因为罗西尼用幽默的方式委婉地道出了抄袭别人作品的事实。

运用这种表达方式，既可以用委婉含蓄的话烘托暗示，巧用逻辑概念，对谈判对手进行批评、反驳，又可以保证双方的关系不至于因批评、反驳而马上变得紧张起来。

我们批评别人，一般是出于让对方改善的动机。不论批评的对象是亲朋、同事、下属还是陌生人，我们都应注意不刺伤对方的自尊心，这样便不可能遭人记恨。如果刺伤了对方的自尊心，即使对方是个豁达的人，也难免会影响与其日后的关系。

用幽默的口吻去批评，就会最大限度地减轻批评的负面效应。运用幽默的语言可以把说话者的本意隐含起来，话中有话，意在言外。

某大学生毕业时从学术网站上照抄了一篇毕业论文以蒙混过关。他把论文交给自己的导师。导师翻了翻论文，然后微笑着说："不错，我认为可以发表在学术网上。"大学生脸红了。导师又说："还是再修改修改再说吧。"该大学生又羞愧又感激地回去了，终于认真地写出了自己的论文。

运用幽默的愿望并不是成人的专利，孩子们对幽默力量的运用，有时也能收到很好的效果。

有个酒鬼，贪恋杯中之物，酒醉之后常常误事。妻子多次劝他，他怎么也听不进去。一天，这个人的儿子对他说了几句，使得他的心灵受到了极大的震动，决心以后再不喝酒。

原来，他的儿子说："爸爸，我送给你一个指南针。"

"孩子，你留着玩吧，我用不着它。"

"你从酒吧里出来时，不是常常迷路吗?"

还有一则幽默，说的是某年轻夫妇虐待其老父老母，甚至每天给老父老母吃一些用破碗装的残菜剩羹。

年轻夫妇的五岁儿子，每次在爷爷吃饭时总是对他们说："小心啊！别把碗摔坏了。"这句话重复了很多次后，年轻夫妇终于好奇地问儿子：

"你为什么那么关心那些破碗？"

"因为，我要留着将来给你们吃饭用。"儿子说。

儿子的一句话，让年轻夫妇幡然醒悟。

以圆滑的技巧表达批评，幽默是个不错的选择，既能指出对方的错误，又能最大限度地保全对方自尊。

第七章
硬气说"不"：别让面子害了你

　　拒绝，使我们学会驾驭自己的情感；拒绝，也使一颗多情的心变得多思，变得成熟。你不要滥用友情，也不要向朋友要求他们不想给的东西。过犹不及皆是害，和别人打交道尤其如此。只要你能够做到适中和节制，你就能得到他人的青睐与尊重。能做到有理有节是很宝贵的，这将使你永远受益无穷。

不做软弱可欺的人

人们是怎样对待你的？你是不是三番五次地被人利用和欺负？你是否觉得别人总占你的便宜或者不尊重你的人格？人们在制定计划的时候不征求你的意见，是否觉得你会百依百顺？你是否发现自己常常在扮演违心的角色，而仅仅因为在你的生活中人人都希望你如此？

美国心理学家戴尔以他接触到的生动的事实回答了这个问题："我从诉讼人和朋友们那儿最常听到的悲叹所反映的就是这些问题，他们从各种各样的角度感到自己是受害者，我的反应总是同样的：'是你自己教给别人这样对待你的。'"

许多人以为斩钉截铁地说话意味着令人不快或者蓄意冒犯。其实不然。它意味着大胆而自信地表明你的权利，或者声明你不容侵害的立场。

托尼在和售货员打交道时总是缺乏胆量。由于害怕售货员不高兴，他常常买回自己不想要的东西。他正在努力使自己变得更果断一些。一次，去商店买鞋，看到一双自己喜爱的鞋，他就告诉售货员自己要买下它。但是，正当售货员把鞋装进鞋盒的时候，托尼注意到其中一只的鞋面上有道擦痕。他抑制住自己当即萌生的不去计较的念头，说道："请给我换一双，这只鞋上有擦痕。"

售货员回答道："行，先生，这就给您换一双。"

这个时刻，对于托尼一生来说是一个转折点，他开始锻炼自己果断行事。新的处世方法的报偿远远超过了买到一双没有擦痕的鞋子。他的上司，他的妻子，以及孩子和朋友们都感觉到，他变成了一个新的托尼——不再是一味应承了。从此，托尼不仅更经常地得到己所欲求的东西，而且还获得了不可估量的尊敬。

你可以运用下面的策略告诉别人如何尊重你。

1. 尽可能地使用行动而不是用言辞抗争。如果在家里有什么人逃避自己的责任，而你通常的反映就是抱怨几句，然后自己去做，那么下一次你就一定要用行动来表示反抗。如果应当是你的儿子去倒垃圾而他经常"忘记"，那你就提醒他一次；如果他置之不理，就给他一个期限；如果他仍然藐视这一期限，那你就不动声色地把垃圾倒在他的床头。一次这样的教训，要比千言万语更能让他明白你所说的"职责"是什么意思。重要的是，当你试图这样做时，不必过多地考虑后果如何。

2. 斩钉截铁地表明你的态度。即使在可能会有些唐突的场所，也必须毫无顾忌地对服务员、售货员、陌生人说话，对蛮横无理的人要以牙还牙。你必须在一段时间内克服自己的胆怯和习惯心理，坚持一下，你就会发现，事情本该如此！注意，吵架时你就该大点声！当然，"君子动口不动手"，你只不过为了锻炼锻炼自己，跟他们没仇。

3. 不再说那些引别人来欺负你的话。"我是无所谓的""你们决定好了""我没有这个本事"等等，这类"谦恭"的推托之辞就像为其他人利用你的弱点开了许可证。当卖菜人让你看秤时，如果你告诉他你对这事一窍不通，那你就等于告诉他"多扣点秤"。

4. 对盛气凌人者毫不退让。当你碰到好随意插嘴的、强词夺理的、爱吹毛求疵的、令人厌烦的、多管闲事的、让你难堪的欺人者时，要勇敢地指明他们的行为不合理之处，并要板起面孔对他们说"你刚刚打断了我的话""你的歪理是根本行不通的""以你的逻辑推敲，地球就不是圆的了"等。这种策略是非常有效的教育方式，它告诉别人，你对他们不合情理的行为感到厌恶。你表现得越平静，对那些试探你的人越是直言不讳，你处于软弱可欺地位上的时间就越少。

5. 告诉人们，你有权支配自己的时间和行为。你自己想做的事尽管去做，不要怕别人冷嘲热讽，实在忍无可忍时，你尽可能平静地回击："这关你什么事？"

6. 敢于说"不"。干脆地表明自己的否定态度，会使人立刻对你刮目相看。事实上，与那种遮遮掩掩、隐瞒自己真实感受和想法的态度相比，人们更尊重那种毫不含糊的回绝。同时，你也会从这种爽直的回答中，感到自信又回到自己的心中。欲言又止、支支吾吾的态度，只会给别人造成"误解"你意思的机会或空子。

7. 不要为人所动，不要经常怀疑自己或感到内疚。如果别人对你的抗争行为表示出不满或因而生气时，你不要为之所动，立即后悔。一般来说，你过去教会了他怎样欺负你，此时他的情绪你还未必适应，你最需要的是站稳脚跟，静观后效。

该说"不"时就说"不"

人在社会，要想混得好，很多时候要敢于说"不"，善于说"不"。比如，若别人有求于你，而你出于各种原因却无法予以满足，又不好直说"不行""办不到"，生怕因此伤害对方的自尊心；或对方提出一些看法，而你不同意，既不想讲违心之言，又不愿直接反驳对方；或你看不惯对方的言行，既想透露内心的真情，又不愿表达得太直露，以免刺激对方。这时候，就要学会巧妙委婉地拒绝，根据不同的情况说"不"。

过去有一个男孩爱上了一个女生。某天，这个女孩下班后，男孩在单位外等她。男孩心里盘算着请女孩吃一顿最好的火锅。可是正当他约这个女孩的时候，女孩的妈妈突然出现了。于是便三个人一起去吃饭。女孩的妈妈选择了最贵的餐馆，点了很贵也很多的菜。吃不完还打电话让她们家的亲戚都来吃。可怜的这个男生，就一直在一旁数着他的钱，盘算着够不够。不过万幸的是，这个餐厅可以刷卡，他刷尽了他所有的钱。

后来，女孩的妈妈还是不允许女孩和这个男孩来往了。

在这个故事中，这个男孩子为什么要硬着头皮跟着去吃那么昂贵的一顿饭呢？后来这个女孩的妈妈为什么不允许他们交往呢？可见，有些时候死要面子，不会拒绝，不一定就能办成事情。

我们都曾经历过这类事件，因为我们都希望自己能够拥有良好的人际关系。其实并不是接受所有人的所有要求，就能够拥有很好的人际关系，学会拒绝，也是我们处理好人际关系的一种重要技能，也就是说，我们要学会说"不"。

当然，我们必须努力去做一个绝不说"不"的人，可是，当遇到别人不合理的请求时，我们是否也要委曲求全答应对方呢？这个时候，你千万不要因为不能说"不"而轻易地答应任何事情，而应该视自己能力所及的范围，尽可能不要明明做不到却不说，结果既造成了对方的困扰，又失去了别人对你的信任。

30岁出头就当上了20世纪福克斯电影公司董事长的雪莉·茜，是好莱坞第一位主持一家大制片公司的女士。为什么她有如此能耐呢？主要原因是，她言出必践，办事果断，经常是在握手言谈之间就拍板定案了。

好莱坞经理人欧文·保罗·拉札谈到雪莉时，认为与她一起工作过的人，都非常敬佩她。欧文表示，每当她请雪莉看一个电影脚本时，她总是马上就看，很快就给答复。不过好莱坞有很多人，其他人若不喜欢的话，根本就不回话，而让你傻等。但是雪莉看了给她送去的脚本，都会有一个明确的回答，即使是她说"不"的时候，也还是把你当成朋友来对待。这么多年以来，好莱坞作家最喜欢的人就是她。

由此看来，拒绝别人不是一件什么罪大恶极的事情，也不要把说"不"当成是要与人决裂。是否把"不"说出口，应该是在衡量了自己的能力之后，做出明确回应。虽然说"不"难免会让对方生气，但与其答应了对方却做不到，还不如表明自己拒绝的原因，相信对方也会体谅你的立场。

不过，当你拒绝对方的请求时，切记不要咬牙切齿，绷着一张脸，而应该带着友善的表情来说"不"，才不会伤了彼此的和气。

在这个社会上混，该说"不"时就要说"不"，不要做不讲话的鹦鹉。一味地沉默只会让他人忽视你的努力，甚至忽视你的存在。做一个有声音的人，让他人感受到你的存在价值。不会说"不"的人，只会让他人觉得你是一个逆来顺受的人。

你是不是三番五次地被人利用和欺侮？你是否觉得别人总是占

你的便宜或者不尊重你的人格？人们在制定计划时是否不征求你的意见，而会觉得你千依百顺？你是否发现自己常常在扮演违心的角色，而仅仅因为在你的生活中人人都希望你如此。如果这样的话，你的生活和工作就需要改进了，就需要拒绝和说"不"字。

当然真正鼓足勇气说这件事情的时候，当你认识到自己的需要并表达出来时，你会发现你原来所顾虑的事情一件都没有发生，而你的生活却发生变化，同事们和朋友们都开始尊重你，开始意识到你的存在。

据某报载，某办公室有六位职员，水房离办公室较远。开始时大家谁也不愿意去打水，因为打完后也许自己只能喝到一杯水，其他的水都被分光了。为了保证大家都喝到水，制定了规章制度，每三个人为一小组，每天早晨、中午打水。

甲组中的三个人，只有向云比较老实勤劳，每次其他两个人躲得远远的，只有向云打水。这一天，大家中午没见到开水，其中乙组的一位同事对向云说："向云，开水呢？打开水去呀。"向云当即反驳道："我们三个人呢，你指使我干吗？"那位同事当时有些脸红，此时甲组的另外两位连忙说："唉哟，不好意思，忘了，我马上去！"

从此，大家打水自觉多了。向云并没有觉得自己以前帮得太多了而不去做了，他仍然和同事一起去打水。

向云利用其他同事的愤怒维护了自己的权益和平等地位，大家在一个办公室，具有同样的义务，不好去指使另外的人，只好采用拒绝的方式而仍然去打水，说明他不计前嫌，利用宽容获得了别人的好感。

有人说，如果你想真正了解一个人，就请注意他拒绝别人时的样子，这是一个人的全部。"不"不仅体现了一个人的性情，也诠释了一个人做人的标准，在该说"不"的时大胆地把"不"说出口，是一种境界。

含混不清的拒绝要不得

很多人在拒绝别人的时候怕得罪别人而影响彼此的感情，总是喜欢含糊其词。听得懂的人自然还好，能够明白这是对方拒绝的说辞；没听懂的人，自然就会会错意，然后默默地等待着你的帮助。等到某天，见交代你这么久的事还未办妥，便又来，说起："你上次帮我办的事，怎么这么久都还没办好呢？"这时你才错愕地回答他："我什么时候说过帮你的忙？"然后，这时把话说开，对方才领悟过来，你觉得自己很无辜，对方更多的却是埋怨，从此，两人关系便开始越走越远。

虽然拒绝别人真的很为难，但是你要记住，滥用你的委婉，不明确地拒绝别人，只会给大家造成不必要的误会，让双方都受到损害。

小王和小张是一起长大的好朋友。但是小王从小就勤奋好学，所以一直念书念到了研究生毕业，工作后也是一帆风顺，现在已经是一家知名企业的部门经理。而小张呢，从小就调皮捣蛋，所以高中毕业便出去打工了。但是小张这人一直不长进，虽然在社会上混了那么多年，却也没混出个什么名堂。最近听说小王在某家大公司当经理，便想去谋个好职位。

小张找到小王说："小王，看在我们俩这么多年交情的分儿上，这个忙你可得帮我啊。"

小王其实很为难，因为他们公司有规定，学历至少是本科以上，但是鉴于好朋友，他又不好直接推脱，只好回答："这个事有点不好办。首先，你的学历不符合规定，难度比较大，何况招人的名额有限。不过，我会尽力争取，当然你不要抱太大希望。"

小张听小王这么说，只觉得可能是有点难，但是小王尽力的话，应该没问题，就没有多想，回家安安心心地等着上班。可是等了两个星期，也没有收到任何通知上班的邮件或者电话，小张再次找到小王：

"你上次说帮我的忙，怎么还没消息呢？"

小王很为难地说："哥儿们，不是我不帮你，是真的不行啊，你也知道你的学历不符合我们公司的要求的，我实在无能为力啊。"

小张一听，生气地说道："你帮不了就帮不了啊，直接给句痛快话呀！浪费了大半天工夫，早干吗去啦？"

就这样，小张和小王闹掰了，二十几年的交情也因此没了。

上述所讲到的结果当然我们每个人都不希望遇见。因此就需要我们在拒绝的时候，不要因为过于照顾对方的颜面，而把话说得模棱两可。大多数人都不好意思说出拒绝别人的话。然而很多时候对方提出的某些要求很过分，不是我们力所能及的。这就出现了如何拒绝他人的问题，因为硬撑着导致的结果更糟。

拒绝的时候态度一定要坚决。何谓坚决？就是明明白白地告诉对方，这件事自己无法做到，让他另请高明。

"对不起，我真的帮不上忙"和"这问题恐怕很难解决"相比，后者显然会给被拒绝者带来更大的想象空间。当我们试图用一种很婉转的态度拒绝别人时，通常不会收到太好的效果。因为模棱两可、暧昧不清的拒绝，并不会让对方丧失希望，正所谓希望越大，失望越大。与其让对方抱着不切实际的幻想空等，不如在最初便狠心拒绝，或许会帮助他找到更好的解决方法。

我们心里要明白，无论是坚决说"不"，还是委婉说"不"，最终要达到的目的都是相同的，即让对方知道自己的表态是决定性的，没有妥协的余地。这种表态方法的差别仅限于语气上的软硬，而在话语的指向上需要准确无误。

　　总之，你的言语必须确实明白地表达出你自己的想法。很多事情虽一时能敷衍过去，但总有一天，当对方明白你以前所有的话都是托词时，就会对你产生很坏的印象。所以，与其如此，不如干脆一点儿，坦白一点儿，毫不含糊地讲"不"。

向领导说"不"，要拒而不绝

你已经忙得焦头烂额了，上司又给你分配了新的任务；明知道是不能完成的任务，上司还非要你完成；三天内不可能完成的计划书，上司却偏偏只给你三天时间……在工作中，你是否也会遇到一些上司不合理的要求？

一天，公司经理指着一沓至少有三四十页的稿纸对刚到公司不久的秘书小刘说："小刘，请你今晚把这一沓文件全部给我打一份出来。"小刘听到这话，看看讲稿，面露难色说："这么多，能打得完吗？""打不完吗？那就请你另觅轻松的去处吧！"恰巧经理正在气头上，于是小刘被"炒了鱿鱼"。

与小刘相同的是，小赵也曾遇到过上司这样的要求，但是小赵的拒绝方式不同，却得到和小刘不同的结果。

"小赵，你今晚务必把这一沓报告整理好。"主任指着厚厚一摞报告对秘书小赵说。

小赵看着厚厚一摞报告，心里非常为难。于是，他用充满内疚的眼神走到主任面前说：

"主任，对不起。恐怕没有时间，我还有其他的重要文件需要处理，还有一些你明天早上需要用的演讲稿我都必须把它整理出来。所以，真的不好意思。"

主任听了，笑了笑说："没关系的，这个也不急着用，你慢慢整理吧！等你整理好了，再把它拿给我好了。"

小赵没有直接拒绝主任说今天晚上完不成，而是让主任知道他的苦衷和难处，暗示自己当天晚上没有把握把报告整理出来。这就是很好的拒绝办法。

　　小刘的被"炒"实在令人惋惜。然而，像小刘这样生硬、直接地拒绝上司的要求，给上司的感觉是她在对抗，不服从上司安排，完全不把上司的威信当回事，被"炒"也就难免了。如果小刘当时积极地立即拿过那一堆稿子坐到计算机前马上开始打，过一两个小时后，把打好的一部分交给经理看，再委婉地表示自己的困难，那么经理肯定会很满意她的表现。这样不但维护了上司的威信，也会使他意识到自己要求的不合理，从而会延长时限，最后也不至于解雇下属了。

　　在工作中，当上司提出了一些明显不合理的请求时，这就需要我们认真考虑，自己能否胜任，是否有能力去完成。把自己的能力与事情的难易程度以及客观条件是否具备结合起来考虑，如果认为自己不能接受，就要选择适合的方法加以拒绝。跟上司说"不"，确实不是一件简单的事，要会巧妙地运用各种技巧回避锋芒，避免与上司直接对抗。那么，怎样才能让上司听到了你的"不"以后而不会生气呢？

1. 理由一定要充足

　　首先，应先谢谢上司对你的信任和看重，并表示很乐意为他效劳。再含蓄地说明自己爱莫能助的困难。比如，"现在我手里跟的项目，全部都要月底才能完成。其他人对这几个项目都不熟，若是现在让我去接新的项目，这些项目可能会出问题。"这样，充足的理由、诚恳的态度一定能获得上司的理解。

2. 不可一味地拒绝

　　尽管你拒绝的理由冠冕堂皇，但是上司也许仍坚持非你不行。这时，你便不能一味地拒绝，否则，上司可能会以为你只是在推托，从而怀疑你的工作干劲和能力致失去对你的信任，在以后的工作中，也会有意无意地使你与机会失之交臂。

3. 提出周全的方法

如果上司仍然坚持让你去完成这项工作，这时，你要仔细考虑，千万不可因上司没有答应你的要求而怒气冲天，拂袖而去。你可以坐下来与上司共商计策，或者说："既然这样，那么过一天，等我手头的工作告一段落，就开始做，您看怎么样？"你也可以向上司推荐一位能力相当的人，同时表示自己一定会去给他出点子，提建议。这样，你就能进一步赢得上司的理解和信任，也会为你以后的工作、生活铺开一条平坦的大道。

总的来说，拒绝上司意味着可能会得罪上司。人际交往尚且如此，若在工作上遇到类似事件，则可能造成更大麻烦。尤其对年轻的职场新人来说，这是一个很让人头疼的问题。如果拒绝不当，可能令上司误会你是在逃避责任，或对自己能力的不确定。如果他今后不再安排什么任务给你，千万别沾沾自喜，以为自己走运了，因为公司永远不需要做不了大事的员工。长期以存在感超低的状态持续下去，不久就会被列入"留校察看"的行列。

因此，不管你拒绝的是公事还是私事，都需要很大的勇气。虽然，对上司说"不"不是令上司非常愉快的事情，但是如果能够掌握对上司说"不"的技巧，并在实践中有区别地加以应用，一定会"拒而不绝"，让上司在你的诚恳中理解你的不便之处，这样就不至于影响你的工作开展。

硬气说"不"，朋友也要打假

有人说，人的信任和信用卡是一样的，不断消费，定期还款，银行给你的额度就会不断增加，这个是信任积累。反之，只消费不还款，信用终将破产。

人因为关系走得近会产生信任，产生交情，但也会因为走得近，让彼此没有了畅快呼吸的空间。许多时候，给我们带来无法言说的伤害的人，往往是与自己走得最近的人。不管是面子、利益，还是感情，因为距离靠得近，它们随时都可能被划伤。

比如，和陌生人做生意，价格该怎么谈就怎么谈，因为缺少感情，可以不顾面子去谈，和你走得最近的朋友做生意，却不可以：要么成交，要么绝交！

陈华有个老相识，代理了一家化妆品公司的产品，做了三个多月，也没什么销量。为了完成任务，他在朋友圈中搞起了"摊派"：张三要定五百的任务，赵七条件好点，要买我一千的货。碍于交情与面子，有的朋友买了，有的以各种理由拒绝。事后，买了他的产品的，他说都是"亲"，都是"哥儿们"，没有买的，都"不够意思"，都是"假朋友"。他以为自己找到了生财的门路，没想到，这是在断自己的后路。半年后，所有人都"不够意思"，就他自己"够意思"。

朋友们都抱怨：你把自己当谁啊？是你绑架友情，执意透支友情在前，为什么一定要把错误归咎于别人呢？

每个人身边都或许有这样的人，他们一边喊着哥儿们义气，一边秀着高情商，却在不断透支友情。在他们眼中，朋友没了价值就是对他"不够意思"，在逼空友情的同时，还要让自己站在道德的制高点。这种做法，只会赤裸裸地伤害别人。

小张是一家公司的职员，大家对他的一致评价是"脑子很灵光，情商是硬伤"。一次，他的一位朋友做生意赚了点钱，整天琢磨着换一辆很拉风的车，同时在朋友圈转让正在使用的车，标价十二万。小张有意买下朋友的车，说："看在咱们这么多年交情的面上，把你的车十万块转给我吧。"

"说实话，卖十二万，问的人还不少呢。你要是有诚意，就再加点。"大家朋友一场，双方做出了一些让步。

小张说："先给你三万，其余的我两年付清。就这么定了。"

朋友有些不乐意："我也是缺钱才急着卖车，这时间也太长了点！"

小张说："那就一年。"

最后，经过软磨硬泡，就这么成交了。

其实，这位朋友的车标价十二万，全款一次付清，有购买意向的人也很多。他之所以卖给了小张，是因为他实在不知怎么拒绝对方。他怕因为这笔交易而影响到双方的关系，所以，就让自己吃些亏。从这件事可以看出，小张很精明，脸皮也厚，但情商确实让人着急了点。

生意，和谁都是做，之所以和朋友做，往往是念于交情。再者，我多牺牲一点，付出一点，也不是不可接受，问题是，你要考虑朋友的代价。

人际交往有一个重要准则：保持平衡。即使真朋友，真性情，好到不分你我，也要恪守这个准则。否则，不论在友情，还是在财富方面，如果太过透支对方，迟早会逼走对方。

当然，一味索取固然不妥，但付出时也要适可而止。有人把面子看得很重，碍于面子，经常让付出成为一种负担。朋友结婚，别人随两千礼金，硬着头皮也要跟两千；别人五千，即使超出自己的承受范围，也要捍卫所谓的颜面。

　　要知道，人们不会因为你的"透支"而给予你额外的赞美，反倒会觉得你这个人很虚伪。财力、精力或能力有限的情况下，要学会选择性地付出，不是说每个朋友、每件事我都要"照顾"到，也不是每个要求都要满足。今天我与你应酬，明天我和他应酬，今天参加这个活动，明天出席那个庆典，所有人都要照顾到，办不到！非要打肿脸装胖子，把自己搞得人不人鬼不鬼，何苦呢？

　　我不与你应酬，我会告诉你，因为我有更重要的事要办，我负担家庭的责任，负担公司的责任，希望你理解。不能说你是个人物，就让我去牺牲整个家庭，牺牲我的事业。如果你理解，日后咱们还有应酬机会，如果不理解，那请便。

　　所以，当你承受不起时，要学会对透支你的人与行为说"不"，不要把自己累个半死。尤其在上下左右不能兼顾的时候，离你最近的人，却让你最不舒服，那你一定要学会选择，学会放弃。

　　不管是什么，人与人交往，不要太过偏离"等价交换"原则。为朋友过度付出，对自己是一种消耗，也是一种负担。如果这种消耗与负担得不到朋友的理解，那这样的朋友多数是假朋友。

第八章
委婉说 "不"：让说拒绝变得 "好意思"

　　在拒绝别人时，我们往往会感到很棘手，因此不知道该如何开口谢绝、拒绝，明明知道一些事情自己办不成，可又怕伤害了同事、朋友之间的友谊，怎样开口拒绝，才不会伤害对方呢？这就需要一个策略，要掌握一定的技巧，使自己能轻松愉快地说出 "不" 字，也能使对方高高兴兴地接受 "不" 字。

借"别人的意思"来拒绝

很多时候，拒绝的话总是让人难于启齿，甚至还要绞尽脑汁去想一些拐弯抹角的拒绝方式，既能把"不"字直接说出口，还能切断所有后路，让对方无法采取别的方式再来麻烦你。有时候，拒绝别人你可以不用这么费神，关键是你要懂得借用"别人的意思"。

某造纸厂的销售人员去一所大学销售纸张，销售人员找到他熟悉的这所大学的总务处长，恳求他订货。总务处长彬彬有礼地说："实在对不起，我们学校已同一家国营造纸厂签订了长期购买合同，学校规定再不向其他任何单位购买纸张了，我也是按照规定办事。"

这就是借"别人的意思"来拒绝。这个事件中，虽然是总处长说出的那些话，但是这拒绝却不是总务处长的意思，而是"学校"，学校的规定，谁也无法违反，事情就这么简单。所以，借"别人的意思"来拒绝就是这么容易的。

以别人的身份表示拒绝，这种方法看似推卸责任，却很容易被人理解：既然爱莫能助，也就不便勉强。

一位和善的主妇说，巧妙拒绝的艺术使他一次又一次免受了推销人员的打扰。每当销售人员找上门来，她便彬彬有礼但态度坚决地说："我丈夫不让我在家门口买任何东西。"这样，推销人员会因为被拒绝的并不仅仅是自己一个人而心理上得到了一点平衡，减少了被拒绝的不快。

人处在一个大的社会背景中，互相制约的因素很多，为什么不选择一个盾牌来挡一挡呢？比如说：有人求你办事，假如你是领导成员之一，你可以说，我们单位是集体决定这些事情的，像刚才的事，需要大家讨论才能决定。不过，这件事恐怕很难通过，最好还是别抱什么希望，如果你实在要坚持的话，待大家讨论后再说，我个人说了不算数。比如，某单位一位职工找到车间主任要求调换工种，车间主任心里明白调不了，但他没有直接回答，而是说："这个问题涉及好几个人，我个人决定不了。我把你的要求反映上去，让厂部讨论一下，过几天再答复你，好吗?"这就是巧借他人来表达你的拒绝，而且完全不会得罪人，并不是我不帮你的忙，而是我决定不了。对方听到这样的说法，自然也就只有知难而退了。

借"别人的意思"来表示拒绝的好处有：

容易被人理解和接受；

让对方觉得你很诚恳，自然不会再刁难你；

表现出一种对决策的无权控制，从而全身而退。

我们在生活或者工作中，有时候会遇到朋友向我们提出一些我们无法做到的要求，但又不能直接拒绝，这时，我们就可以借别人的话来回绝朋友的要求。

张林在一家商场的电器部工作。一天，他的好朋友来买空调。把店里陈放的样品全部看完后，还觉得不满意，要求张林领他到仓库里去看看。张林面对好朋友，一时不知道该如何说"不"。忽然他灵机一动，笑着说："前几天经理刚宣布过，不准任何顾客进仓库，我要带你进去了，我就可能被责罚。"

张林借他人之口拒绝了朋友的要求，尽管朋友心中不大高兴，但毕竟比直接听到"不行"的回答要舒服些，也减少了几分不快。

巧嘴让人顺利接受 "不"

不愿意听到别人的反对与拒绝，这是人之常情。口才高手们总结出一些让别人高兴地、顺利地、心悦诚服地接受 "不" 的技巧。

日本明治时代的大文豪岛崎藤村被一个陌生人委托写某本书的序文，几经思考后，他写下了这封拒绝的回函。

"关于阁下来函所照会之事，在我目前的健康状况下，实在无法办到，这就好像是要违背一个知心朋友的期盼一样，我感到十分懊恼。但在完全不知道作者的情况下，想写一篇有关作者的序文，实在不可能办到，同时这也令人十分担心，因为我个人曾经出版《家》这本书，而委托已故的中泽临川君为我写篇序文，可是最后却发现，序文和书中的内容不适合，所以特别地委托他，反而变成一种困扰。"

在这里，藤村最重要的是要告诉对方 "我的拒绝对你较有利"，也就是积极传达给对方自己 "不" 的意志的一种方法。而这样的说辞，又不会伤害到委托者想要实现目的的动机。

通常，当我们被对方说 "不" 而感到不悦的理由之一，是因为想引诱对方说出 "好" 而达到目的的愿望在半途中被阻碍，因而陷入欲求不满的状况。所以既不损害对方，又可以达到目的说 "不" 的最好方法，就是当对方委托你做一件事时，当 "达到动机" 被拒绝后，反而认为更有利的是另一种 "达到动机"，而只要满足这一种 "动机" 就可以了。

藤村可以说是十分了解人的这种微妙心理，所以暗地里让对方觉得 "被我这样拒绝，绝对不会阻碍你目的的实现"。我们在拒绝他人时，也可以用这样的方法，让对方觉得说 "不"，是为了让对方有好处，这不仅不会损害到对方的感情，而且还可以让对方顺利地接受你所说的"不"。

战国时期韩宣王有一位名叫缪留的谏臣。有一次韩宣王想要重用两个人，询问缪留的意见，缪留说："魏国曾经重用过这两个人，结果丧失了一部分的国土；楚国用过这两个人，也发生过类似的情形。"

接着，缪留下了"不重用这两个人比较好"的结论。其实，就算他不给出答案，宣王听了他的话也会这么想。这是《韩非子》里相当著名的故事。

这种说"不"的方法，之所以这么具有说服力，主要是因为这两个人有过去失败的经历，但缪留在发表意见时，并没有马上下结论。他首先对具体的事实做客观的描述，然后再以所谓的归纳法，判断出这两个人可能迟早会把国家出卖的结论。说服的奥秘就在此。相反，如果宣王要他发表意见时，缪留一开口就说"这两个人迟早会把我国卖掉"，等等，结果会怎样呢？可能任何人都会认为："他的论断过于极端，似乎怀恨他们，有公报私仇的嫌疑。"从而形成不易让大家接受"不"的心理，即使他在最后列举了许多具体事实，也可能无法造出类似前面所说的情况来。

所以，我们在必须向别人说出他们不容易接受的"不"时，千万不要先否定性地给出结论，要运用在提议阶段所否定的论点，即"否定就是提议"的方式，不说出"不"，只列举"是"时可能会产生的种种负面影响，如此一来，对方还没听到你的结论，自然就已接受你所说的"不"的道理了。

我们曾听说过可以负载几万吨水压的堤防，却因为蚂蚁般的小洞而崩溃的例子。最初只是很少水量流出而已，但却因为不断地在侧壁剧烈地倾注，最后如怒涛般地破堤而出。

这种方法可以适用于说"不"的技巧里，也就是说，要对不可能全部接受的顽固对方说"不"时，要反复地进行"部分刺激"，最终让对方全盘接受"不"的意思。

例如，朋友向你推荐一名大学毕业生，希望在你管辖的部门谋求一个职位时，想在不伤害感情的情形下加以拒绝，这时可以针对年轻人注重个人发展和待遇方面，寻找出一种否定的理由，反复地说："我们这里也有不少大学生，他们都很有才华……""这里的福利待遇都很一般……""在这里干，实在太委屈你了……"等，相信那位大学生听了这些话后，心里就会产生"在这里干没什么前途"的想法，再也不做纠缠，客气地向你告辞。

说得好不如说得巧。真正的好口才，讲究的是"巧"，能因人而言，因事而言，当言则言言无不尽，当止则止片言不语。他们以独特的眼光去审视世界，以特有的智慧去指挥嘴巴。

不要等被逼无奈再说"不"

生活中的你，是不是常常有这样的经历：明明想对别人说"不"，却硬生生地把这个"不"字吞到肚子里去了，而违心地从嘴里蹦出来个"是"字？可是后来又越想越不对劲，心里说着"我其实当时应该拒绝他的""这个忙我根本就帮不了""我自己的事情都没有做完，怎么办"……于是你开始自责不已，悔不当初，最后一边为应承下来的事儿忙得焦头烂额，一边为自己的不懂得拒绝而深深懊恼。

不懂得拒绝的人，无论是面对上司的命令、顾客的要求、同事的请托以及工作中的任何突发状况，似乎都只能默默承受。因为他们觉得，如果自己说"不"，可能会面临一连串的麻烦：上司的不满、顾客的投诉、同事的怀恨在心……于是，为了维护自己的人脉，为了提升自己在同事间的口碑，为了让自己在工作上少一些阻碍，许多人在面对各式各样的请托和要求时，选择了接受，让自己陷入了如此难堪的局面。

只是，这样做正确吗？不妨看看以下案例再做判断。

张涛和李辉大学毕业后同时进入一家通信公司实习。这家公司可以说是全球无线通信行业的霸主，几乎在世界各地都有它的制造厂。能够进入这家公司，是莘莘学子的梦想，因此张涛和李辉两人都十分重视这次实习机会。因为按照惯例，这家公司会从每一批实习的人员之中选择最优秀的一位留下来。

在进入这家公司之前，张涛便做足了准备。他觉得想要留在这家公司，上司的推荐和同事的口碑应该十分重要。因此，在进入这家公司之后，他为了笼络人心，对所有同事都有求必应，诸如帮同

157

事跑腿，帮经理助理打印……虽然常常因此把自己的工作做得不够好，但是他每次得到同事的赞美都觉得这样也值了。大家见这小伙子那么热心，便也逐渐不客气了：甲让他帮自己带早餐，乙请他帮忙接孩子……哪怕这些是与工作毫不相干的事情，张涛全都接受，毫无怨言。

而李辉却截然相反，有人请他帮忙的时候，他似乎总以自己的事情还没做完为借口推托，渐渐地，请他帮忙的人越来越少。因此，大家对张涛的评价越来越高。

三个月的实习时间很快结束了，转眼就到了宣布最终结果的时候。看着被叫进经理办公室的李辉，张涛暗自欣喜："谁教你不注意人际关系，只顾着埋头做事。能留下来的人一定是我。"

半个小时后，李辉从经理办公室走出来，带着平静的表情开始收拾自己桌上的东西。张涛正准备上前安慰他一下，却猛然发现情况似乎有些不对劲。原来，李辉在收拾完自己的东西之后，并没有离开，而是把这些东西放在另一张配有电脑的办公桌上，而那张桌子，正是为留下来的那个人所准备的。

就在张涛愣神的时候，有人拍了拍他的肩膀，示意他到经理办公室去一趟。怀着惴惴不安的心情，他来到经理办公室。

"张涛，这三个月来，你的表现大家都看在眼里。你很热心，使同事们对你的口碑很好。说实话，站在朋友的立场，我很想留你下来。可是，站在公司的角度考虑，我们需要的是能在工作上做出成绩的人。在这段时间里，我很遗憾地看到你的主要精力并没有放在本职工作上。所以，我只能祝福你在新的公司一切顺利……"

生活中的你，是否有也过这样的经历：对于他人的要求，有时出于面子，有时为了不得罪人，不好意思拒绝，而只好勉强自己，违背自己的意愿，做了不是自己分内的事，还因此耽搁了自己应该做的事。

其实，很多人都有过这样的经历。实际上，拒绝别人并不代表你对他不友善，也不代表你冷酷无情，没有人情味。不管对谁，只要你不想做或者违反原则，就有权利说不。否则，你的生活和工作会因此压力重重，这样会累坏自己的。

总之，要懂得在适当的时候说"不"，拒绝别人不一定是件坏事。如果你没有时间，没有能力帮助别人，那么拒绝别人的请求是你正确的选择。否则，问题拖下去只会越来越难解决。很多时候，正是因为你不懂得说"不"，才让自己陷入"被逼无奈"的窘境当中。更重要的是，这种草率的决定还会打乱自己的计划和安排，使自己的工作与生活陷入被动。长此以往，你将无法享受给予和付出所带来的真正快乐，正常的人际交往与互动都会沦为一种负累。

笼络人心对职场人士来说固然重要，但这并不代表我们在任何时候都不能拒绝。其实，根据实际情况，适当地对周遭的人说"不"，将更有助于自己顺利地完成本职工作，正如李辉那样，善于分辨什么是自己应该做的，拒绝那些对自己不利的干扰，这才是真正懂得工作的人所应具备的正确态度！喜剧大师卓别林曾经说过这样一句话："学会说'不'吧！那样，你的生活将会美好得多。"

不做职场的"便利贴"

工作中，我们管好自己的那一亩三分地就够辛苦了，如果办公室的同事再把他们手头上的活儿强加到我们身上，估计我们最后应该会累得跟田地里的牲口一样，非大喘气不可。

然而行走职场，总会有同事找我们帮忙的时候，偶尔帮个一两次其实也算不上什么劳心劳力的大事儿，但要是次数过于频繁，我们就得想方设法给自己减减压了。看过台湾偶像剧《命中注定我爱你》的朋友们应该知道什么叫作"便利贴女孩"，剧中的陈欣怡就是这么一个随叫随到、有求必应、点头说好的职场老好人。

在同事们的眼中，她就像一张随手可撕的便利贴，虽然功能小小，但却不可或缺。她为人处世十分善良，总是任办公室的同事们予取予求，大家也总是习惯找她帮忙，但是事后却把她抛诸脑后，完全不记得自己曾经受助于她。

像陈欣怡这样好心的"职场便利贴"，之所以自身的存在感如此薄弱，完全是因为她把别人的事儿太当自己的事儿。她在工作上的配合度极高，对待他人的要求也永远无法拒绝，经常揽下同事们不愿意去做的琐碎活儿。大家想想，这么好用的便利贴，不用白不用，要是换成你当她的同事，你会不会指使她去干原本属于自己的工作呢？

根据能量守恒定律，一件事儿要是有人从中得利，自然就有人从中失利。当办公室的同事从"职场便利贴"那收获到轻松、闲适和快乐时，"职场便利贴"们必然也会因为整日忙于他人手上的活儿，而耽误自己的工作效率。

如果"职场便利贴"们没有按时完成自己的工作任务，必然会遭到公司老板的严厉批评，最后沦为加薪升职都无望的职场小人物，而那些曾经得到过他们无私帮助的同事们也并不会好心地站出来，为他们说上几句公道话。

因此，在压力重重的职场上讨生活，我们一定不能把人家的事太当自己的事。对于那些于人有利于己有害的事儿，我们务必要学会拒绝，万万不可缺心眼儿地通通揽到自个儿的身上。

"办公室经常有同事找我帮忙，有的事儿我也不想去干，可我实在是不会拒绝，这到底是为什么呢？"从事人力资源行业多年，我经常会被人问及这种问题，很多人在表达自己疑惑的时候，尽管言谈之间充满了无奈和无助，但或多或少都会觉得自己是一个善良的人，因为善良，所以才不忍心对别人的要求说"不"。

然而，每次我给出的回答都会让他们这种自以为是的"善良"土崩瓦解。

心理学家威廉·詹姆斯曾说："人类最深处的需要，就是感觉被他人欣赏。"其实，人人都喜欢被人赞赏，这原本是一件无可厚非之事，但是对那些"职场便利贴"们来说，这种心理需求显然要比普通人来得更为猛烈一点。

他们通常都缺乏自信和安全感，与人交往总是信奉多一事不如少一事的原则，不愿意和别人发生争执和冲突，内心极为渴望得到他人的肯定和赞扬。所以，他们无法拒绝同事的要求，压根就不是出于纯粹的"与人为善"的目的，而是害怕自己在同事心目中的印象从此一落千丈，又或是不想和同事矛盾重重，以免破坏自己心驰神往的和平稳定的生活。

在跟我诉苦的人当中，同事盛婉婷算是比较容易开窍的一个，她听完我这一番抽丝剥茧的分析之后，也确实认真反省了一下自己。最后我告诉她，以后要是再有同事频繁地找她帮忙，自己一定要学会拒绝，实在拒绝不了，也不要把别人的事太当自己的事，不妨学学人家网友建议的那招"答应时要爽快，行动时要缓慢"，干活儿要是不麻利，同事下回也不找你。

拒绝别人其实并非一件难事，只要掌握好了技巧，我们既不会揽别人的活儿上身，也不会轻易地得罪别人。那究竟有什么样的技巧呢？打个比方，当同事三番五次请求我们帮助时，我们要是实在不愿意应承下来，完全可以真诚地告诉他们自己拒绝的理由、苦衷和难处，最后再适时地表达一下自己没能帮上忙的歉疚之情。

每一个人都有同理心，只要我们的态度诚恳，言辞有礼，同事们最后肯定也不会真正地往心里去。毕竟谁也没有义务去帮谁，世界上没有无缘无故的爱，人家愿意把你的事当作自己的事儿那是给你几分情面，如果人家不愿意去做，你也无权对别人说三道四。

把 "不对" 统统改成 "对"

许多人都有喜欢说 "不" 的习惯，不管别人说什么，他们都会先说 "不" "不对" "不是的"，但他们接下来的话并不是推翻别人，只是做一些补充而已。这些人只是习惯了说 "不"，即使赞成别人，也会以 "不" 开道。

谁喜欢被否定啊？

曾经，有位记者采访过一个学识特别渊博的教授，发现他有个很好的习惯，不管对方说了多么幼稚、业余的话，他一定会很诚恳地说 "对"，然后认真地指出对方说得靠谱的地方，然后延展开去，讲他的看法。

高情商的聪明人都习惯先肯定对方，再讲自己的意见，这样沟通氛围也会好很多。即使是拒绝对方，也不会讲 "不"。

两个打工的老乡，找到城里工作的刘某，诉说打工之艰难，一再说住不起店，租房又没有合适的，言外之意是要借宿。

刘某听后马上暗示说："是啊，城里比不了咱们乡下，住房可紧了。就拿我来说吧，这么两间耳朵眼儿大的房子，住着三代人。我那上高中的儿子，没办法晚上只得睡沙发。你们大老远地来看我，不该留你们在我家好好地住上几天吗？可是做不到啊！"

两位老乡听后，就非常知趣地走开了。

高情商的人拒绝他人，很少会用否定性的词。现实生活中，到处是这样的例子。再如，有一档节目叫《我是歌手》，其中有个歌手叫李健，不光歌唱得好，而且也很会说话。在节目中，歌手张杰曾提起自己九年前向李健邀歌，结果被婉拒的事。接下来，两人有一段对话：

李健："张杰的声音变高了啊。"

张杰："嗯，是变高了。"

李健："我以前要是给你写就委屈你了。但我觉得你声音还会更高，所以我再等等。"

这段拒绝人的对话，简直可以作为典范。

先是赞美了张杰的高音，又补充说明了对方在音乐领域的进步。既抬高了别人，又明确表达了自己拒绝的意思，这就叫作"会说话"。情商高的人，在说话的时候，很少使用否定性的词。即使是拒绝对方，也不会直接说"不可以"，而是用一种婉转的方式表达自己的意见，让人觉得很舒服。

心理学家调查发现：在交流中不使用否定性的词语，会比使用否定性的词语效果更好。比如"我觉得不行"这句话，可以换一种说法，"我觉得再考虑一下比较好"。因为使用否定词语会让人产生一种命令或批评的感觉，虽然明确地表达了自身观点，但更不易于让人接受。

第九章
温情说"不"：事要拒，情要留

对于一些难以应答的请求，如果言辞生硬，直接回绝别人，往往造成不好的结果。在拒绝的时候，一定要照顾到对方的感受，一定要有人情味，不要让对方感到难堪，这样，既可以传达自己的态度，也可使对方知难而退。这种不伤和气的拒绝方式，既可以达到拒绝的目的，又不违反自己为人处世的原则，同时还能体现出自己的高情商。

拒绝别人也要人情味十足

在人际交往中，我们常常会遇到一些难以答应的请求。但是，言辞生硬，直接回绝别人，往往造成不好的结果。而这时最好的方式就是委婉表达自己拒绝的意思，让对方知难而退，这样既不伤朋友间的和气，也不违反自己为人处世的原则。

罗斯福当海军助理部长时，有一天一位好友来访。谈话间朋友问及海军在加勒比海某岛建立基地的事。

"我只要你告诉我，"他的朋友说，"我所听到的有关基地的传闻是否确有其事。"

这位朋友要打听的事在当时是不便公开的，但是好朋友相求，如何拒绝是好呢？

罗斯福望了望周围，然后压低嗓子向朋友问道："你能对不便外传的事情保密吗？"

"能。"好友急切地回答。

"那么，"罗斯福微笑着说，"我也能。"

这位朋友明白了罗斯福的意思，之后便不再打听了。

后来，罗斯福的这位朋友仍然和他交往着，感情并没有减淡，因为那人很清楚罗斯福做事一向是很有原则的。

在上面的故事中，罗斯福采用的是委婉含蓄的拒绝。在朋友面前既坚持了不能泄密的原则立场，又没有使朋友陷入难堪，体现了高超的语言运用能力。相反，如果罗斯福表情严肃、义正词严地加以拒绝，其结果必然是两人之间的友情出现裂痕甚至危机。拒绝对方，也要给对方留足面子。当我们用委婉的方式来表示拒绝，就不会使对方难堪了。

　　我们对别人说"不"，是维护自己权益的行为。但是在维护自己权益的同时，也应当尽量照顾到对方的感受。虽然拒绝要态度明确，但仍需通过各种语言的艺术，不要让对方感到难堪。

　　汉光武帝刘秀的姐姐——湖阳公主的丈夫死后，她看中了朝中品貌兼优的宋弘。有一次，刘秀招来宋弘，以言相探："俗话说，人地位权利高了，就要改换自己结交的朋友；人富贵了，也可以改换自己的妻子，这是人之常情吗?"宋弘回答说："我只听说'患难之交不可忘，糟糠之妻不下堂'。这句话的意思是：无论人是在生活贫困、地位低下还是富贵、地位高的时候，都不能把朋友忘记，最初的结发妻子也不能让她离开身边。"

　　宋弘自然深知刘秀问话的言外之意，但他进退两难。应允吧，违背了自己的人品，也对不起贫贱相扶的妻子；含糊其词吧，还会招来麻烦，毕竟是一国之君；直言相告吧，也不得体，又有冒犯龙颜之患，所以他也引用古语来"表态"，委婉而又直截了当地表明了自己的态度与立场，也是一个良好的拒绝他人的办法。

　　说"不"固然不太容易，但说话高手们总会让自己的拒绝明确而合理。不但能够在委婉的语言中让对方免于难堪，给对方一个台阶下，同时也明确地表达出自己的意思，对方知难而退从而达到拒绝他人的目的。

真心说"不"，倒出你的苦衷

不管是在生活还是职场中，我们常常都会遇到这样的问题：一位朋友或者同事突然开口，让你帮个忙。问题就在于，这个事情对你来说，已经有些超出个人能力范围。答应下来，自己忙上忙下，还不一定能够圆满完成；如果直接拒绝，面子上又实在磨不开，毕竟大家都相熟已久了。但是，应该怎么说，才能既不得罪人，又能达到拒绝的目的呢？

有人会直接对他说："不行，真的不行！"如果你真这么说了，当然拒绝的目的是肯定达到了，但是你可能因此失去一位朋友，甚至还会影响到你在这个圈子的口碑。有人会推托说："我能力不够，其实某某更适合。"那你有没有想过：当朋友或同事把你的这番话说给某某听时，他会做何反应？有人会不好意思地说："我真的忙不过来。"这个理由还算不错，可是只能用一次，第二次再用时，朋友或同事一定会用疑惑的眼光来看你。

那么，到底应该怎样说出那个重要的"不"字来呢？

1. 不妨先倾听一下，再说"不"

在工作中，往往每个人都会遇到这种情况，当你的朋友或同事向你提出要求时，他们心中通常也会有某些困扰或担忧，担心你会不会马上拒绝，担心你会不会给他脸色看。因此，在你决定拒绝之前，首先要注意倾听他的诉说，最好的办法是，请对方把自己的处境与需要，讲得更明了一些，自己才知道如何帮他。接着向他表示你了解他的难处，若是你易地而处，也一定会如此。

"倾听"能让对方产生自己被尊重的感觉，在你婉转地表明拒绝他人的立场时，也要避免伤害他人，还要避免让人觉得你只是在应付他而已。如果你的拒绝是因为自己有一定工作负荷或者压力，倾听可以让你清楚地界定对方的要求是不是你分内的工作，而且是否在自己的能力范围内。或许你仔细听了他的请求后，会发现协助它有助于提升自己的工作能力与经验。这时候，你在兼顾自己工作的原则下，牺牲一点自己的休闲时间来帮助对方，对自己的发展也是绝对有帮助的。

"倾听"还有一个好处是，虽然你拒绝了他，但你可以针对他的情况，建议如何取得适当的支援。若是能提出更好的办法或替代方案，对方一样会感激你。甚至在你的指引下找到更适当的方法，这样也会事半功倍。

2. 温和但又要坚定地说 "不"

当你仔细倾听，明白朋友或同事的要求后，并认为自己确实无能为力，只能拒绝的时候，说 "不" 的态度即要温和又要坚定。好比同样是药丸，外面是一层糖衣的药，就会比较让人容易入口。同样地，委婉表达拒绝，也比生硬地说 "不" 让人更容易接受。

例如，当你同事的要求是不合公司或部门的有关规定时，你就要委婉地表达自己的工作权限，并暗示他如果自己帮了这个忙，就超出了自己的工作范围，违反了公司的有关规定。拿自己工作时是已经排满而爱莫能助的前提下，要让他清楚自己工作的先后顺序，并暗示他如果帮他这个忙，就会耽误自己手头上的工作，会产生一些不必要的麻烦，也会给公司的利益带来一定的冲突。

一般来说，同事听你这么说，一定会知难而退，而再去想其他办法。

3. 说明拒绝的理由

拒绝在某种意义上，其实就是一种辩论。别人会想尽办法试图说服你接受，而我们则必须利用各种理由 "反击"，向他说明自己不能接受的原因。如果我们要让对方心服口服，就必须说出一个值得信服的理由。当然，选择权在我们手上，即使没有理由，我们也可以选择拒绝对方；只是这样的结果，一定会让对方感到极度不悦，毕竟遭受毫无理由的拒绝，任谁都不会开心的。

4. 不要过多地解释

有些拒绝者为了抚慰对方"受伤的心灵"，往往在拒绝之后，说出一大堆安慰的话，或为自己的拒绝说出一连串冠冕堂皇的理由。其实，这些都是画蛇添足，因为太多理由，反而让别人觉得你是在借故搪塞。所以，拒绝的理由只要说清楚就行了，不要解释过度。

在说"不"的过程中，除了技巧，更需要有发自内心的耐心与关怀。若只是随随便便地敷衍了事，对方其实都看得到。这样的话，有时更让人觉得你是一个不诚恳的人，对你的人际关系伤害更大。

总之，只要你真心地说"不"，对方一定也会了解你的苦衷，而且你也能成功达到拒绝别人的目的。

学会幽默地说 "不"

我们都知道，幽默是可以化解尴尬的场面，幽默可以赢得陌生人的好感，幽默可以拉近陌生人之间的距离……幽默的语言总是有着神奇的作用，而在拒绝别人的时候，幽默也可以获得良好的效果。

现实生活中拒绝是一件令人遗憾的事，但却又是无法回避的事。有时候自己的至亲好友，从不开口求人，偶尔万不得已，求你一次，不幸遭到拒绝，轻则失望，重则大发雷霆。有的患难之友，曾经在你困难时鼎力相助；如今有求于你，你心有余而力不足，但他不相信，指责你忘恩负义。有的恳求虽然合理，但迫于客观条件的限制，一拖再拖，始终无法得到解决。无论哪一种情况，拒绝别人都是一件难于启齿的事。一怕生硬的语言伤害打击到对方的心灵，二来又怕不恰当的拒绝破坏两人原本的关系。那么是否有一种两全其美的方法，既不会伤害别人的面子，还可以巧妙地拒绝呢？回答是肯定的。纵观中外历史，许多名人、伟人都善于使用特别的 "语言武器"，很机智地拒绝对方，这种特别的 "语言武器" 就是 "幽默"。

美国有一位女士读过《围城》后，便给钱锺书先生打电话说，希望能够见一见钱锺书先生。但钱锺书先生向来淡泊名利，不爱慕虚荣，于是他就在电话中这样说道："假如你吃了一个鸡蛋觉得不错的话，那你又何必要见那个下蛋的母鸡呢！"在此，钱先生以其特有的幽默和机智，运用新颖、别致而又生动、形象的比喻，拒绝了那位美国女士的请求。钱锺书先生的这番话不仅维护了美国女士的自尊，还使自己避免了不必要的麻烦。

用幽默的语言拒绝对方提出自己难以接受的要求，不仅坚持了自己的原则，还能够保全别人的面子。这种幽默的语言，既不答应对方的不合理的要求，还避免了使对方尴尬，同时还可以营造一种轻松愉快的气氛，并且还可以显示出被提要求一方具有豁达大度的处世风格。

生活中，拒绝一个人是需要勇气的。因为拒绝就意味着将对方拒之门外，拒绝了对方的一片"好意"，有时会让对方很难堪。这时，我们要根据不同的场合和对象进行考虑，选择恰当的方法婉转地拒绝，不能因为自己的拒绝而伤害对方的情感。

拒绝不仅是一门艺术，更是一门学问，还可以很好地体现一个人的综合素养。当别人对你有所希求而你办不到，不得已要拒绝的时候，要学会幽默地拒绝他人。所谓婉言拒绝就是用温和曲折的语言，把拒绝的本意表达出来。同直接拒绝相比而言，幽默的拒绝更容易被接受。因为幽默的拒绝方式在很大程度上顾全了被拒绝者的颜面。

洛克·菲勒是一个富翁，他一生至少赚了十亿美元。但他深知，过多的财富会给他的子孙带来很多的麻烦，所以洛克·菲勒将高达七亿五千万美元的金钱都捐出去了。

然而，他总是会在捐钱之前，首先搞清款项的用途，从不随便捐。

有一天，在洛克·菲勒下班的时候，在回家的途中被一个懒人拦住。那个拦路人向他诉说自己的不幸，然后恭维地说："洛克菲勒先生，我是从二十里以外步行到这里找您的，在路上碰到的每个人都说，你是纽约最慷慨的大人物。"

洛克·菲勒知道这个拦路人的目的就是向他讨钱。但他并不喜欢这种捐款方式，但又不愿意使对方感到难堪。怎么办呢？洛克·菲勒想了一下，便对这个懒人说："请问，待会儿您是不是还要按照原路回去？"懒人点了点头。

洛克·菲勒就对懒人说："那就好办了，请您帮我一个忙，告诉刚刚碰到的每个人：他们听到的都是谣传。"

面对别人无理的要求，你想拒绝，但又不能用明确的语言来拒绝，这样会令人难堪。这时，你可以运用幽默委婉的语言拒绝，不仅表达了自己的拒绝意图，还会使对方乐于接受。

幽默地拒绝别人是一种艺术。在拒绝别人的时候，我们可以引用一些名人名言、俗语或谚语的方式来作答，来表明自己的意思，或佐证自己的观点。这种拒绝的方式好处是很明显的，既增加了说话的权威性与可信度，还省去了许多解释和说明，更能增添口语的生动性与感染力。

幽默的拒绝技巧体现了一个人灵活交际的能力，它有助于处理好人与人之间的关系，运用得好，可以达到文雅得体、幽然含蓄、弦外有音、余味无穷的奇妙境地。所以，在拒绝别人的时候，我们不妨试着用些诙谐、幽默的语言委婉地拒绝对方，更容易被人接受和理解，还能帮助自己免去很多麻烦。

拒绝有礼，才不失面子

在实际生活、工作中，人们时常会遇到别人向自己提出要求，有的提要求的人是你不喜欢的，有些人又恰恰提出了你难以接受的要求，处于这种尴尬的情况之中，你将如何处理？我认为，遇到以上情况，我们没必要"有求必应"，而必须"拒绝"。

拒绝也是一门艺术，所以我们不但要学会拒绝，而且还要学会掌握这门艺术。因为，在人们生活交往上过于生硬的回绝显得不近人情，婉言谢绝则是显得彬彬有礼且不失面子。总之，从总体上讲，拒绝并没有什么固定的模式或套路，至于如何拒绝才能得到最佳效果，那只能因事、因人、因地、因时而异了。

清代名人郑板桥任潍县县令时，曾查处了一个叫李卿的恶霸。

李卿的父亲李君是刑部天官，听说儿子被捕，急忙赶回潍县为儿子求情。他知道郑板桥正直无私，直接求情不会见效，于是便以访友的名义来到郑板桥家里。郑板桥知其来意，心里也在想怎样巧拒说情，于是一场舌战巧妙展开了。

李君四处一望，见旁边的几案上放着文房四宝，他眼珠一转有了主意："郑兄，你我题诗绘画以助雅兴如何？"

"好哇。"

李君拿起笔在纸上画出一片尖尖竹笋，上面飞着一只乌鸦。

目睹此景，郑板桥不搭话，挥毫画出一丛细长的兰草，中间还有一只蜜蜂。

李君对郑板桥说："郑兄，我这画可有名堂，这叫'竹笋似枪，乌鸦真敢尖上立？'"

郑板桥微微一笑："李大人，我这也有讲究，这叫'兰叶如剑，黄蜂偏向刃中行'！"

李君碰了一个钉子，换了一个方式，他提笔在纸上写道："燮乃才子。"

郑板桥一看，人家夸自己呢，于是提笔写道："卿本佳人。"

李君一看心中一喜，连忙套近乎："我这'燮'字可是郑兄大名，这个'卿'字……"

"当然是贵公子的宝号啦！"郑板桥回答。

李君以为自己的"软招"奏效了，心里别提有多高兴了，当即直言相托："既然我子是佳人，那么请郑兄手下留……"

"李大人，你怎么'糊涂'了？"郑板桥打断李君的话，"唐代李延寿不是说过吗……'卿本佳人，奈何做贼'呀！"

李君这才明白郑板桥的婉拒之意，不禁面红过耳，他知道多说无益，只好拱手作别了。

即以其人之道，还治其人之身。

不是不好意思直接说情吗？那就以"托物言志"这种打哑谜式的方式对话——针对李君以势压人的暗示，郑板桥还以颜色，将违法必究的道理借助"一丛细长的兰草和其间的一只蜜蜂"这样的画，以及"兰叶如剑，黄蜂偏向刃中行"这样的话表达出来，对方自然心知肚明；最后，既然古人说过"卿本佳人，奈何做贼"的话，那就不是我郑板桥不接受你李君的说情，而是古人在拒绝你。

19世纪，狄斯雷利一度出任英国首相。当时，有个野心勃勃的军官一再请求狄斯雷利加封他为男爵。狄斯雷利知道此人才能超群，也很想跟他搞好关系，无奈此人不够加封条件，狄斯雷利无法满足他的要求。

一天，狄斯雷利把军官请到办公室里，与他单独谈话："亲爱的朋友，很抱歉我不能给你男爵的封号，但我可以给你一件更好的东西。"说到这里，狄斯雷利压低了声音："我会告诉所有人，我曾多次请你接受男爵的封号，但都被你拒绝了。"

狄斯雷利说话算数，他真的将这个消息散布了出去。众人都称赞军官谦虚无私、淡泊名利，对他的礼遇和尊敬远超过任何一位男爵。军官由衷感激狄斯雷利，后来成了他最忠实的伙伴和军事后盾。

狄斯雷利没有给对方一个冷冰冰的回答——"不"，更没有讥笑和嘲讽对方，他传递给对方的是"友情"：让对方明白，自己的要求虽未被满足，但长远利益（声誉）得到了首相的维护——这是比升职更好的东西。狄斯雷利善于使用特别的"语言武器"，他在拒绝对方不当要求的同时，给足对方面子，这就是狄斯雷利巧言说"不"的高明之处。

拒绝他人不容易，因为每个人都有自尊心，每个人都不希望别人不愉快。但不拒绝也不行，因为自己没办法帮忙。以下是可资借鉴的、比较委婉而不失面子的拒绝方法。

1. 学会轻轻地摇头

有些公关专家说，如果需要拒绝别人的请求时在听完别人的陈述和请求之后，轻轻摇头，会令别人易于接受。

轻轻地摇头表示的是委婉拒绝的意思。轻轻地摇头，程度一定不要太剧烈，否则令人不易于接受。在摇头之后一般要阐述拒绝的理由，可以使别人理解而不至于怨恨你。

2. 冷淡也是一种有效的拒绝方法

很多时候直言拒绝对方的请求可能会令对方难堪，但如果表示对对方所谈话题不感兴趣可能会免去不必要的麻烦。例如，当某人请你帮他介绍一位你很熟识的企业家认识（有功利性企图时），你可以说："我与他纯粹是私交，不涉及他的事业。"当有人向你诉说股市风云如何看好，企图向你借钱时，你可以说："我对股市没有兴趣，也不太懂。"这样既能使对方明白你拒绝他的意思，又可以不用直言拒绝。

3. 说些扫兴的话表示拒绝

如果你讨厌说话的对方，又不想得罪他，你可以说一些比较扫兴的话。比如说含有"反正""但是"等这样词语的话，或在对方说话时不表示兴趣，仅仅以"嗯，是吗？"作回答，或在对方极有兴趣地问你问题时回答："也许吧！""可能吧！"这都是一些暗示，会令对方感觉出你对他的反感而退避三舍，便不会提什么要求了。

4. 委婉打断谈话，阻止对方提要求

当人们兴致勃勃地提出某些话题时，如果经常被打断，会大大丧失谈兴，如果被打断的次数太多，可能会主动结束谈话。因此，如果不想让对方提出自己的要求，不妨试一下采取这种方法，以求不让对方提出自己的要求。

打断对方时要注意方法，可以装作没听清楚，不断问对方："什么？再说一遍。""对不起？""打断一下。"也可以在对方说话的间隙插入另一话题，使谈话"跑题"。

拒绝是一门学问，应该体现出个人品德和修养，使别人在你的拒绝中，一样能感觉到你是真诚的、善意的、可信的。在拒绝的过程中，如果还想和对方保持良好关系，就要采取换位的思想、同情的语调来处理。

不做习惯说"是"的人

人际交往中，每个人都会碰到一些别人不合理的要求，或是自己不愿意接受的事情，直截了当地拒绝别人，会觉得太伤颜面，不拒绝又委屈了自己。所以，如何巧妙地拒绝别人，如何巧妙地说"不"便成了一门艺术。

很多人为了息事宁人，自己强忍着，宁愿当个"烂好人"。还有的人从来不拒人于半里之外，他们觉得说"不"难免伤感情。但是，不敢说"不"的人，他们的目标是被别人来喜欢和爱，但代价却是牺牲自我。

周五晚上，好友梅梅又在电话里向好友抱怨，说女儿的芭蕾课要考试，答应周六陪她去舞蹈学院排练一上午，下午要陪小姑子挑选婚纱，晚上同事给老公搞生日派对，她满口答应去帮厨……唉，成天为别人的事忙碌，多累，多不情愿，多烦啊……恨不能有孙悟空的本领，来个分身术！

"谁让你逞强，应下一大堆事儿？"好友抢白了她一句。

"没办法呀，既然别人开了口，我怎么好意思拒绝呢？"

好友太了解她了，梅梅正是那种有求必应的热心人，只要别人开了口，她总碍于面子，怕惹上司不高兴，心里再不情愿也要硬撑着答应下来。"不"字从她嘴里蹦出来，似乎比登九重天还难，到头来，往往搞得自己心力交瘁，疲惫不堪……

梅梅在办公室也是如此，担心自己不承担所有交代下来的工作，就会惹上司不高兴，于是有求必应，从来不去考虑自己的承受能力，结果分内的工作都给耽误了。拒绝别人最让她头疼，在婚姻中也不例外，"不管老公想干什么，我都会让步，还是少惹他不开心的好，他的工作压力已经够大了，就让我当天底下最不开心的那个人吧。"梅梅挺有献身精神地说道。

在生活中，面对明知不可为的事情，要相信自己的判断，要勇敢地说"不"。为了一时的面子而勉强行事，是最不明智的行为。俗话说："死要面子活受罪。"如果拿不出勇气来拒绝别人，最后受委屈、吃亏的只能是自己。

说"不"固然代表"拒绝"，但也代表"选择"，一个人通过不断的选择来形成自我，界定自己。因此，当你说"不"的时候，就等于说"是"。你"是"一个不想成为什么样子的人。勇敢说"不"，这并不一定会给你带来麻烦，反而是替你减轻压力。如果你想活得自在一点，原则一点，就请勇敢地站出来说"不"。记住，你不必为拒绝不正确的事情而内疚，因为那是你的权利，也是你走向成熟必上的一课。

当然在你勇敢地说"不"的时候，你不能硬邦邦地回绝别人，给人造成颜面上的难堪和心里的不快，而要懂得把握拒绝的艺术，那么在说"不"的时候，你要注意哪些呢？

1. 确定别人对你的要求是否合理，不要看别人是否觉得合理。如果你犹豫或推脱，或者你觉得为难或被迫，或者你觉得紧张压迫，那可能意味着这个要求是不合理的。

2. 在完全弄明白别人对你的要求之前，不会让自己说"是"还是"不"。

3. 说"不"时要清晰肯定。简单地说出"不"是很重要的，不要让它成为一个充满着借口和辩解的复杂表述，你不想这么做只是因为你不想做，这就够了。你在拒绝的时候，只要简单明了地解释一下你的感受就行了。直接的解释是一种果断的自信，间接的误导或借口是一种优柔寡断，将来会给你留下更多的麻烦。

4. 在拒绝的时候不说"对不起，但是……"说"对不起"会动

179

摇你的立场，别人可能会利用你的负疚感。当你认真地估计了形势，决定拒绝的时候，你用不着觉得抱歉。

5. 在业务来往中，如果对方给你提出超规范要求，如果直接说"不"，断然回绝。结果，往往是你处在有理有利的地位，反而把双方关系搞僵了，从而导致其他工作不能顺利开展，影响极大。这时候，你就要把未出口的"不"改成"我尽力""我考虑一下再给你电话"等，然后将话题岔开，对方会感到你很给他面子，比较容易接受。事后，如对方再仔细考虑的话，也就会觉得自己的要求"是不是太过分了"，于是他会自觉放弃，事情就会迎刃而解。

一个人如果不懂得保护自己、尊重自己和自己的需求，别人也不会对你这样做。在需要拒绝的时候，要敢于拒绝任何人、任何事，只有这样你的生活才会过得洒脱自尊。

事可以拒，但情要留下

"拒绝"一词，词典上注释极简单，就是"不接受"的意思。如果从社会人生的角度上挖掘，这个词又有较丰富的内涵。君子可以拒绝小人的险恶，小人也可以拒绝君子的美德。

拒绝，生活中并不鲜见。作为正直男子，你可以拒绝歪风邪气的侵蚀；作为貌美女郎，你可以拒绝来自社会的种种盲目追求；作为一方百姓，又可以拒绝贫穷与愚昧的蔓延，从而挺身走出苦难的误区。你要有充分的自由热情关怀尽善尽美的事物，绝不要糟蹋了你自己的高雅趣味。

拒绝不等同于六亲不认式的无情无义，也不等同于失去理智后的一意孤行。在特定条件下，拒绝是人格与个性完美的结合，它既是人类个性的一种体现，又是人格精神锻造下所产生出来的一种意志力量。

明确直言的拒绝，有时自己感到过意不去，也令对方感到尴尬。这就需要采用一些巧妙委婉的拒绝方式，既表达了自己的愿望，又将对方失望与不快的情绪控制在最小范围内，不影响彼此之间的人际关系。

唐宪宗元和年间，大将李光颜屡立战功，有个叫韩弘的将领非常嫉妒他。为了争名夺功，韩弘设一计，他不惜花费数百万钱财，派人物色了一些美貌女子，并教会她们歌舞演奏等多种技艺。他将这些美女特地送给李光颜，希望李从此沉湎于女色而懈怠军务。李光颜当众对送美女的使者说："您的主公怜惜光颜离家很久，赠送美貌女子给我，实在是大恩大德，然而光颜受国家恩深，与逆贼不共戴天，更何况数万将士，皆远离妻子儿女，为国尽力死战，我怎么能独自以女色为乐呢？"一席拒绝之辞攻破韩弘的诡计，既令使者叹服，又使部属拥戴。

有人说：平生最怕拒绝别人。这似乎让我们看到人性的温柔与纯善。但在现实生活中，不拒绝未必为善事，学会拒绝也未必不是好事。

懂得拒绝非常重要，其中最重要的拒绝是拒绝为本人做某事或拒绝为他人做某事。有些活动并不太重要，徒耗宝贵的时间。而更坏的事情是只忙于一些鸡毛蒜皮的事，这比什么都不干还要糟糕。要真正做到小心谨慎，只是莫管他人闲事还不够，你还得防止别人来管你的闲事。不要对别人有太强的归属感，否则会弄得你自己都不属于你自己了。

有时，我们不得不狠下心来拒绝别人，正如我们所遇到的别人对我们的拒绝一样，因为在是与否之间，我们不能优柔寡断，我们更不能左右逢源。其实，能平和地接受拒绝是一种洒脱、一种大度、一种成熟与豁达。它更需要勇气与磨砺，它也许是一种痛彻心扉的难忘经历，更是一种丰富多彩的人生成长。

应该在有的事情面前勇敢地说不。我们不能因为害怕拒绝而忘记去叩门，生活就是这样，往往一念之差，就会失之交臂而抱憾终身！如果对方是非分的祈求，请不要迁就，也不能凑合，你要拿出勇气来拒绝——轻轻地说声"对不起"，我无意去伤害一颗渴望的心灵，但也不能因此而失去自我。

学会拒绝也是一门学问，当别人有求于你而你又无能为力时，不要急于把"不"说出口，不要使对方感到你丝毫没有帮助他解决困难的诚意。

"身在曹营心在汉"这一成语，恐怕基本上家喻户晓。凡是长篇历史小说《三国演义》的读者，无不为关公的"义"而啧啧赞叹。栖身曹营的关公，他的非凡之处便在于拒绝，并且是毫不犹豫地挂印封金，护送皇嫂，过五关斩六将，千里走单骑，完成他流芳百世的人格精神塑造。

拒绝，可以包括正反两个方面，一是拒绝苦心，一是拒绝诱惑。并不是所有的拒绝都能得到社会承认，都能成为人类文明的千古绝唱。当别人向你提出不合理的要求时，不要简单地拒绝他，而应该让他明白他的要求是多么荒唐，从而自愿放弃它。一位业绩卓著的家装设计师声称，对于用户的不合实际的设想，他从不直截了当地说"不行"，而是竭力引导他们同意他希望他们做的事情。

生活中，不可能不拒绝别人，如果每次拒绝都带来隔阂，带来仇视敌意，那最后必将成为孤家寡人，所以，学会婉转拒绝是人生的必修课。学会拒绝，也许你的人生会锦上添花；学会拒绝，也许你的事业能披金挂银。